1인 가구와 기술

BOOK
JOURNALISM

1인 가구와 기술

발행일 ; 제1판 제1쇄 2023년 1월 30일
지은이 : 이중식 · 김민주 · 유지수 · 이기훈 발행인 · 편집인 ; 이연대
CCO : 신아람 에디터 : 이현구 · 정원진
디자인 : 권순문 지원 ; 유지혜 고문 ; 손현우
펴낸곳 ; ㈜스리체어스 _ 서울시 중구 한강대로 416 13층
전화 ; 02 396 6266 팩스 ; 070 8627 6266
이메일 ; hello@bookjournalism.com
홈페이지 ; www.bookjournalism.com
출판등록 ; 2014년 6월 25일 제300 2014 81호
ISBN ; 979 11 92572 61 1 03300

BOOK
JOURNALISM

1인 가구와 기술

이중식 · 김민주 · 유지수 · 이기훈

; 주거 형태는 개인화돼도 관계의 가치는 변하지 않는다. 하지만 인간이 직접 대면하며 관계와 규칙을 만들고 합의를 이루는 과정은 번잡하고 비용이 들며, 종종 실패하기도 한다. 기계의 객관성 또는 중립성이 새로운 '관계 맺기'에 도움이 될 것이다.

차례

프롤로그

혼자 잘 살기 연구소,
2년의 회고

혼자 사는 사람이 늘었다. 더불어 1인 가구의 라이프 스타일도 각광받고 있다. 혼자 사는 사람들과 그 삶을 이르는 '혼족', '혼삶' 등은 과거의 '독신' 같은 단어와 뉘앙스가 다르다. 이제는 자유와 독립의 대명사다. 이 책은 늘어나는 1인 가구에 대한 서울대학교 사용자 경험 연구실의 고찰을 담고 있다. 서울대학교 융합과학기술대학원 지능정보융합학과는 데이터와 머신러닝machine-learning, HCI(Human Computer Interaction, 인간과 컴퓨터의 상호 작용)에 강점이 있다. 이러한 강점을 살려, 1인 가구가 겪는 문제를 찾기 위한 프로젝트를 진행했고 사용자 경험user experience을 분석해 기술적 해결책을 제시하고자 했다. 이 책은 그 2년의 회고다.

다만 모두가 지상파의 유명 예능 프로그램 〈나 혼자 산다〉와 같이 사는 것은 아니다. 혼삶이 아무리 자유로워 보여도 완전한 자유가 되기 위해서 해결해야 하는 문제는 만만치 않다. 막상 가까이서 본 1인 가구의 삶은 바쁘고 고달픈 일과의 연속이었다. 요리, 청소, 세탁, 쓰레기 처리 등 모든 가사 노동을 혼자 해결해야 하기 때문이다. 또 혼삶은 '소셜 큐social cue'가 없는 탓에 생활 리듬이 깨지기 쉽다는 문제도 있다.

소셜 큐는 사회적 단서, 즉 비언어적 의사소통에 해당하는 신호를 말한다. 이를테면, 다인多人 가구 구성원은 보통 아침을 준비하는 소리, 점심 먹으러 나가는 소리, 불이 켜져 있는 거실 등의 소셜 큐를 통해 쉽게 생활 리듬을 느낀다. 물론 일자리나 셰어 하우스 등 안정적인 거점이 있는 1인 가구는 함께 사는 사람들 사이에서 소셜 큐를 얻을 수 있고 재충전의 여지도 있다. 하지만 취업 준비생이나 비정규직처럼 사회적 소속감이 약한 1인 가구는 생활 리듬이 깨졌을 때 상대적으로 회복하기까지 시간이 오래 걸린다. 혼삶이 곧 불안이자 압박이 되는 것이다.

1인 가구가 당면하는 문제는 대부분 사회적 유대감social engagement과 긴밀한 관련이 있다. '사회적 유대감 척도SCS-R·Social Connectedness Scale-Revised'를 개발한 연구진에 따르면 사회적 유대감은 "소속에 대한 내적 감각을 반영하며 사회적 세계와 대인 관계적 친밀감을 유지하는 것에 대한 주관적 인식"이다.[1] 쉽게 말해 개인이 크고 작은 사회적 집단에 느끼는 소속감과 대인적 친밀감을 말한다. 이 문제는 사회·경제·제도적 지원으로 한순간에 해결될 수 있는 것이 아니다. 더욱이 우리는 행정가도, 사업가도 아니다.

서울대 사용자 경험 연구실이 문제 해결을 위해 정보 통신 기술ICT을 제시한 것은 연구실의 특성 때문만은 아니다. 1인 가구 증가에는 다양한 원인이 있지만 그 흐름을 가속하는 건 기술이기 때문이다. ICT의 발전으로 개인의 문제 해결 능력은 비약적으로 향상했고, 많은 부분에 있어 남의 도움이 필요 없어진 세상이 됐다. 따라서 결자해지, 해결책 또한 기술이 되어야 한다.

포스트휴먼posthuman이 당면한 많은 문제는 기술과 관련이 있고, 기술 역시 이를 해결해야 할 당위가 있다. 시장에는 이미 1인 가구 문제를 해결하기 위한 ICT 기술 제품과 서비스가 등장하고 있다. 다만 여전히 많은 제품과 서비스가 4인 가구용 가전의 소형화에 지나지 않는다. 다인 가구 중심의 사고로 문제에 접근했기 때문이다. 1인 가구에게 적합한 솔루션을 제공하려면 훨씬 더 구체적으로 1인 가구 고유의 문제를 이해할 필요가 있고, 전과 다른 새로운 시각으로 문제에 접근해야 한다.

2019년 12월, 서울대학교 사용자 경험 연구실은 신림동 원룸촌에 '혼자 잘 살기 연구소'라는 이름의 리빙랩Living Lab을 열었다. 리빙랩은 살아있는 연구실이라는 의미로 현장과 일상에서 직접 문제를 찾아 다양한 기술로 해결하고자 나온 방식이다. 사용자 경험 연구 특성상, 이미 문화가 된 혼삶은 좋은 연구 주제다. 혼밥, 혼행(혼자 하는 여행) 등 혼삶의 다양한 모습은 트렌드로 굳어지고 있다. 다만 이것은 현재 진행형이라 온라인에서 얻는 정보만으론 한계가 있다. 캠퍼스를 떠나 혼삶의 현장을 찾은 이유다. 혼자 잘 살기 연구소는 신림동의 여성 전용 코리빙 하우스co-living house 1층 한쪽 구석 방에

둥지를 틀었다.

혼자 잘 살기 연구소는 지난 2021년에 두 가지 기술 프로젝트를 진행했다. 스마트 스피커로 코리빙 하우스 입주민을 연결하는 '스피커 그리드speaker grid' 프로젝트, 공용 공간에 머무는 사람 수를 알려 주는 '프리핸션prehension' 프로젝트다. 스피커 그리드는 한 포털 사이트의 '지식in' 서비스와 같다. 대신 텍스트가 아닌 음성 기반이다. 입주민들은 궁금한 생활 지식, 지역 정보, 혼삶의 경험 등을 말로 묻고 답하며 귀로 듣는다. 그 과정에서 입주민들 사이에 유대감이 형성된다.

프리핸션은 건물의 여러 층에 산재한 샤워실, 주방, 거실, 운동실 등 공용 시설의 가용 여부를 시각화하는 기술이다. 센서로 측정하고 머신러닝으로 예측한 결과가 입주민의 스마트폰으로 전달된다. 입주민은 프리핸션을 통해 다양한 공용 공간에서의 행동 계획을 세울 수 있다. 이로 인해 특정 공용 공간에서 다른 입주민과 마주칠까 봐 이용에 조심스러웠던 입주민은 공간적 확장감을 얻을 수 있다. 1년간 두 가지 기술 프로젝트를 진행하며 비단 연구에 관한 것이 아니더라도 1인 가구에 대한 깊이 있는 이해가 생겼다.

매일 출근하며 오르던 고시촌 언덕은 거대한 벌집 같았다. 1인 가구의 셀cell들로 이뤄진 이 거대한 성은 낮 동안에는 슈퍼 주인과 부동산 사장님만 서성이는 조용한 곳이었다. 그들이 지키던 빈 성은 저녁이 되면 퇴근하는 사람들의 행렬로 잠깐 동안 붐비지만 그 분주함은 오래가지 않는다. 각자의 집으로 흩어져 들어간 사람들은 길 밖에 잘 나오지 않았다. 거리에는 삶의 활력이나 대인 간 교류의 흔적을 찾기 어려웠다.

거기엔 여러 이유가 있다. 치안에 민감한 1인 가구는 타인에 대한 경계가 특히 높다. 게다가 신림동 1인 가구는 경제적 여유가 없는 청년 비율이 높은데 그러다 보니 문화 활동이나 사교적 모임은 사치로 여겨진다. 공동 구매와 같이 생계와 관련된 목적이 생겼을 때 잠깐 모였다가 파할 뿐이다. 필요에 따라 가벼운 교류를 하는 '온디맨드 연합on-demand relationship'이 1인 가구 시대의 새로운 공동체 양식인 듯했다. 기술 발전은 이 느슨한 연결을 더 양산하는 모양새다.

기술이 곧 경쟁력인 시대다. 이 흐름은 기존 사회의 모습을 해체하는 동시에 1인 가구를 양산하고 더 많은 이들을 혼삶으로 유인한다. 미래 도시의 모습은 거대한 아파트촌보다 진화된 고시촌의 모습에 더 가까울 것이다. 4인 가구로 대표되는 정상 가족의 해체는 오래전부터 예견되어 왔고 이제 현실이 됐다. 뉴 노멀이 된 1인 가구, 새로운 개인의 탄생이다. 이 개인들이 임시로 연합한 형태와 같은 새로운 관계 맺기 방식 역시 등장하고 있다. 1인 가구에 대한 지속적 관심과 연구 없이는 이 변화에 유동적으로 대응할 수 없다.

혼자 사는 사람들

.

어느새 열 집 중 네 집은 혼족

우리나라의 1인 가구 비율은 어떨까? 2022년 6월 기준 한국의 1인 가구 수는 967만 8000가구다. 전체 가구의 40.8퍼센트로 전체 가구 유형 중 가장 큰 비중을 차지하고 있다.[2] 즉, 열 집 중 네 집은 혼자 산다는 얘기다. 주변만 둘러봐도 혼자 사는 사람을 쉽게 찾아볼 수 있을 정도가 됐다.

1인 가구의 연령 분포도 흥미롭다. KB금융지주 경영연구소의 〈2022년 한국 1인 가구 보고서〉에 따르면 2021년 기준 전체 1인 가구 중 20대가 차지하는 비중은 19퍼센트로 전체 연령대에서 가장 높았다. 뒤를 잇는 것은 17.1퍼센트를 차지한 30대, 16.4퍼센트를 차지한 60대. 생애 주기상 이미 결혼을 했거나 가정을 꾸렸을 가능성이 큰 40~50대, 혹은 보호자와 함께 살 가능성이 큰 70대 1인 가구 수 역시 10퍼센트를 넘어섰다. 그렇다면 1인 가구 증가는 한국만의 일인가?

사실 이 같은 1인 가구화 현상은 유럽에서 먼저 시작됐다. 유럽 연합 통계청Eurostat에 따르면 2020년 기준 유럽의 33퍼센트가 1인 가구다. 그중 1인 가구 비율이 상위권인 국가는 주로 북유럽 국가들이다. 노르웨이는 46.9퍼센트, 핀란드는 45.4퍼센트, 스웨덴은 44.8퍼센트, 덴마크는 44.3퍼센트를 나타내고 있다.[3] 1인 가구 비중이 서서히 전체 가구의 절반에 가까워지는 것이다. 이외에도 세계에서 가장 먼저 고령화 사

전 세계 1인 가구 비율 추이

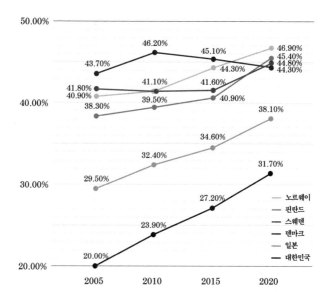

노르웨이
핀란드
스웨덴
덴마크
일본
대한민국

* 유럽 연합 통계청(Eurostat), 대한민국 통계청.

회에 진입한 일본은 38.1퍼센트, 개인주의를 표방하는 미국은 28퍼센트로 적지 않은 수치를 나타낸다. 주요 국가들이 공통적으로 높은 1인 가구 비율을 보이는 것은 세계적 흐름이기도 하지만, 이 배경엔 각 나라마다 다양한 사회·경제적 요인이 있다. 그렇다면 우리나라의 1인 가구 증가 현상에는 어떤 특수성이 있을까? 비율도 문제지만 관건은 증가 속도다.

우리나라의 1인 가구 비율은 20년에 걸쳐 확대됐다. 2000년 15.5퍼센트, 2005년 20.4퍼센트, 2010년 23.9퍼센트, 2015년 27.2퍼센트, 그리고 2020년 31.7퍼센트로 가파른 상승 곡선을 그리고 있다.[4] 5년마다 약 3~5퍼센트포인트씩 증가하고 있는 꼴이다. 같은 시기 유럽 국가의 1인 가구 비중이 5년마다 약 0.5~2퍼센트포인트씩 증가한 것에 비하면 매우 가파른 속도다. 우리가 주목해야 할 것은 단순히 지금 열 집 중 네 집이 혼자 살고 있다는 점이 아니다. 열 집 중 다섯 집이 혼자 사는 날이 머지않았다는 사실이다.

한국 정부는 빠른 속도로 이뤄지는 1인 가구 증가에 신속히 대응하지 못하고 있다. 2005년 제정된 건강가정기본법 제3조는 가족을 '혼인·혈연·입양'에 근거한 사회의 기본 단위로 설명한다. 이러한 가족 구성을 이르는 말로 '정상 가족'이라는 개념도 생겨났는데, 이것이 정책 용어로 자리 잡으며 가족 구성의 다양성은 무시된 채 부모와 자녀로 이뤄진 정상 가족 이데올로기는 더욱 공고해졌다. 이에 따라 4인 가구를 기준으로 집이 지어졌고 법이 제정됐다.

하지만 앞서 살펴본 바와 같이 1인 가구화는 급속도로 진행되고 있다. 가족에 대한 사회적 인식 역시 빠르게 변하고 있다. 지금의 집과 법·제도는 다양한 가족 구성 형태를 포괄하지 못한다. 1인 가구가 폭증한 다음에야 정상 가족의 개념을 삭제하려는 정책적 논의가 이뤄지고 있다. 하지만 법이 실제로 개정되기까지는 많은 시간이 필요하다.[5] 집의 구조 역시 빠르게 바꿀 수 있는 대상이 아니다.

법은 느리지만 기술은 빠르다. 1인 가구의 급속한 증가에 기술은 비교적 기민하게 적응하고 있다. 또한 기술은 페인 포인트pain point를 따라 발전하기에 1인 가구가 겪는 세세한 문제에 직관적인 솔루션을 제공할 수 있다는 장점이 있다. 따라서 지금 필요한 것은 1인 가구에 대한 구체적이고 입체적인 고민이다. 1인 가구는 왜 증가했고 그들이 겪는 문제는 무엇인가?

그렇게 우리는 남이 된다

1인 가구의 증가 원인은 크게 비자발적 이유와 자발적 이유로 나눌 수 있다. 먼저 비자발적 이유를 살펴보면 직업 구조의 변화에 따른 사회·경제적 불안정성, 한국 사회의 경쟁 심화를 들 수 있다. 머릿속으로는 당연한 얘기 같지만 숫자와 함께 보면 그 심각성을 더 면밀히 알 수 있다.

사회학자들은 직업 구조의 변화가 가족 구조에도 영향을 끼쳤다고 말한다. 비정규직과 긱 이코노미Gig Economy[6]가 활성화되면서 노동자의 지위는 불안정해졌다. 《하버드비즈니스리뷰》에 따르면 2023년 세계 긱 이코노미는 4550억 달러

(545조 원) 규모로 예상된다. 긱 노동자Gig Worker는 기본적으로 단기 계약직 혹은 임시직이다. 기업 입장에서는 고용의 유연성, 노동자 입장에서는 자율성이라는 장점이 있지만 결과적으로 비정규직이므로 하루 사이에 일자리를 잃기도 한다. 긱 이코노미의 상당수를 차지하는 배달 라이더 등 플랫폼 노동자는 매일의 수요에 따라 임금 변동 폭이 크다.

노동자의 불안정한 사회·경제적 지위는 다인 가족 형성의 고리를 끊는다.[7] 정상 가족 이데올로기하에서 결혼은 가족 형성이란 중요한 의미를 지닌다. 그런데 이러한 결혼부터 삐걱대기 시작했다. 비혼은 독립성을 의미하는 키워드이기도 하지만 1인 가구 모두가 자발적인 비혼 상태는 아니다. 미혼의 1인 가구를 대상으로 결혼을 하지 않는 이유에 대해 분석한 결과, '적합한 배우자를 만나지 못해서'라는 답변이 32.3퍼센트로 가장 많았고 '경제적인 이유 때문에'라는 답변이 32.2퍼센트로 뒤를 이었다.[8] 겨우 0.1퍼센트포인트밖에 차이가 나지 않는 두 답변은 비혼 혹은 미혼의 양면성을 보여 준다. 이는 통계청의 2019년 조사 결과와도 무관치 않은데 1인 가구인 임금 근로자 중 32퍼센트가 임시직이나 일용직 등 비정규직이었다. 같은 조사는 아니지만 미혼 사유에서 경제적 이유를 든 사람의 비율과 비정규직 비율의 숫자가 엇비슷하게 맞아떨어지는 것은 묘한 구석이 있다.

갈수록 치열해지는 사회도 1인 가구 증가에 기여한다. 한국 사회의 입시·취업 경쟁 과열은 가족과 떨어져 독립 가구를 형성하도록 유도하고 있다. 자기 계발과 성장에 시간과 자원을 투자하기 위해 사람들은 이동을 마다하지 않는다. 학업에 놓인 학생들은 '인서울'로 대표되는 좋은 대학교에 진학하기 위해 노력한다. 대학 졸업 후에도 더 나은 일자리를 찾기 위해 도심 속 여러 지역으로 이사를 다니며 고군분투한다.[9] 실제로 2020년 혼삶을 택한 이유로 '학업·직장'을 꼽은 사람들은 24.4퍼센트로 가장 많았다. 2년 내 주거 이동률은 연령이 낮을수록 더 높게 나타났다. 청년층의 82.6퍼센트가 2년 내 주거지를 이전했고, 평균 거주 기간도 1.2년에 불과했다. 이는 청년 1인 가구의 주거 안정성과도 이어진다.[10]

이러한 구조적 문제가 있다고 해서 모두가 어쩔 수 없이 1인 가구를 택하는 것은 아니다. 자발적으로 혼삶을 결심하는 사람도 많다. 개인화는 한국의 지나친 집단주의에 대한 반작용으로 이해할 수 있다. 한국 사회에서는 전통적으로 개인의 정체성보다 집단 내 역할이 강조된다. 가족은 개인이 최초로 소속되는 집단의 단위로 한국 사회의 정상 가족 이데올로기 역시 산업화 이후 전형적인 가구의 모습을 따른다. 가족 구성원으로서의 정체성을 지나치게 요구받은 개인은 가정에서조차 지나치게 많은 에너지를 소비해 왔다. 1인 가구는 아시아 문화권의 특징인 집단주의에서 벗어나 자신을 보호하기 위한 도피처로서의 선택이 되기도 한다.

일하는 여성이 늘어난 것도 1인 가구화와 연결 지을 수 있다. 가부장적 사회에서 여성의 경제적 자유도는 낮았다. 일정 수준 이상의 경제력을 갖춘 여성이 증가하며, 결혼을 선택으로 여기는 인식이 강해졌다. 통계적으로 남성의 46.7퍼센트가 '결혼을 해야 한다'는 견해에 동의한 반면, 여성은 24.3퍼센트만이 동의하고 있다. 처음 결혼하는 나이를 의미하는 초혼 연령은 서울을 기준으로 남성 32.2세, 여성 29.8세다. 남녀 모두 30세가 되어야 처음 결혼을 한다.[11] 2인 이상의 다인 가구를 형성하는 시기가 전보다 늦어진 것이다.

1인 가구를 만들어 내는 것이 사회 구조라면 기술은 이를 촉진하고 있다. 자발적이든 비자발적이든 혼자 살게 됐는데, 막상 살아보니 현대 문명 덕분에 혼자 살아가는 것이 생각보다 불편하지 않은 것이다. 지난 20년 동안 보급된 ICT 기술은 개인의 능력을 어느 때보다 강력하게 만들었다. 생활에 필요한 물품 및 식사는 문 앞으로 배달되고 무거운 가구는 배송 기사에 의해 조립되며 이불 빨래는 세탁 서비스가 담당한다. 가족을 포함한 동거인의 도움이 크게 필요 없는 상태가 됐다. 기술의 발달은 1인 가구 유지 및 증가에 중요한 축을 담당하고 있다.

또한 ICT 기술에 의해, 개인에게 혼자 있는 시간은 더 이상 공백이 아니게 됐다. 많은 사람들은 여가를 엔터테인먼트와 온라인 활동으로 채운다. 언제든 모바일로 미디어 콘텐츠를 즐길 수 있고 이를 생산할 수도 있으며 게임을 즐기거나 소셜 미디어를 통한 사교 활동을 이어 나갈 수 있다. 사회적 유대감을 느끼는 것과 별개로 온라인의 소셜 네트워크를 통해 현대인들은 친구 혹은 낯선 사람과 신속하게 소통할 수 있으며 혼자 있어도 타인과 연결된 감각을 느낄 수 있다. 혼자 살기 원하는 사람들에게 인터넷은 새로운 사회관계를 형성하고 유지하는 수단이 되는 것이다.[12]

혼삶 속 문제들

이처럼 1인 가구 증가는 사회 구조 및 기술의 변화가 빚어내는 불가피한 현상이다. 이 책을 읽는 사람 중 혼자 살고 있지 않은 사람 역시 가까운 미래에 1인 가구가 될지도 모를 일이다. 더 나은 혼삶을 위해 1인 가구가 직면한 문제를 다양한 차원에서 들여다보자.

경제적 문제

1인 가구는 경제적으로 취약하다. 통계청에 의하면, 2020년 10월 기준 일자리를 가진 1인 가구는 370만 가구로 전체 1인

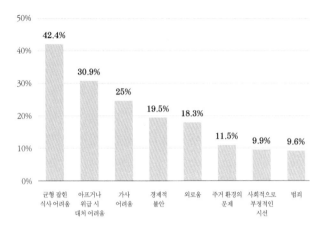

1인 가구의 어려움(2020)

* 두잇서베이, 2020년 2월.

가구 중 59.6퍼센트다. 나머지 40.4퍼센트는 학생·실업 등 무직이다. 2019년 1인 가구 소득 분포를 살펴보면, 월 80~250만 원 미만이 46.6퍼센트로 가장 많다. 80만 원 미만은 30.8퍼센트, 250~400만 원은 14.7퍼센트다. 다시 말해, 우리나라 1인 가구의 상당수는 주로 구직 중인 청년들이며 소득이 넉넉지 않다. 여기에 다인 가구와 비교해서 나타나는 1인 가구만의 경제적 문제도 존재한다.

통시적通時的으로 보면 가족은 생애 주기를 반영한 경제 보완 시스템이다. 부모가 경제 활동을 하는 동안 자식들은

1인 가구 월 평균소득 분포(2019)

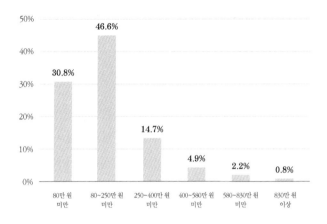

* 두잇서베이, 2020년 2월.

사회 진출을 위한 학습에 집중한다. 자식이 자라 경제 활동을 시작하면 나이 든 부모를 부양한다. 부모와 자식 세대가 서로 의 경제 활동 능력을 교차로 활용하며 생계를 유지한다. 하지 만 1인 가구는 경제 활동 능력이 떨어져도 이를 보완해 줄 동 거인이 없다. 2021년 기준, 1인 가구의 53.2퍼센트가 스스로 노후 생활비를 마련하고 있다.[13]

공시적共時的으로 봐도 마찬가지다. 다인 가구는 실직, 장기 입원 등의 이유로 가족 중 일부가 경제 활동을 할 수 없 을 경우 다른 구성원이 일시적으로 이를 보완할 수 있다. 1인 가구는 대안이 없다. 1인 가구는 통시적으로나 공시적으로나 경제적으로 상호 보완할 상대가 없다는 특징을 지닌다. 특이 사항이 발생할 경우 경제적 위기에 직접 노출되는 것이다.

주거의 문제

70년대 이후 한국의 주거 공급 정책은 4인 가구 중심이었다. 공급된 주택 대부분이 두 자녀를 둔 부부를 염두에 두고 디자인됐기 때문에 1인 가구의 주거 선택지는 좁아진다. 4인 가구를 기준으로 설계된 공간을 나눠 쓰거나, 원룸, 오피스텔 등 1인 가구에 맞춰 새롭게 설계된 주택을 구해야 한다. 하지만 그마저도 늘어나는 1인 가구 수에 비해 공급량이 턱없이 부족하다. 우리나라 전체 가구 중 최저 주거 기준에 못 미치는 주택에 사는 1인 가구 비율은 10.6퍼센트, 2인 이상 가구는 5.3퍼센트다. 최저 주거 기준 미달은 면적이 14제곱미터(약 4.2평) 미만인 경우 또는 전용 입식 부엌, 전용 수세식 화장실, 전용 목욕 시설 중 한 개라도 없는 경우를 말한다. 많은 1인 가구가 부엌 또는 화장실이 없거나, 네 평에도 못 미치는 좁은 방에서 지내고 있다.[14]

　　1인 가구의 문제를 해결하기 위한 정책적 논의가 크게 부족한 것도 아니다. 한국토지주택공사LH는 생애 주기별 맞춤형 주택 공급을 위해 통합 공공 임대 주택 세대 평면 21개종을 개발해 다양한 평면의 주거를 공급하려 노력하고 있다. 다양한 라이프 스타일을 반영하기 위해 평면을 다양화한 것이다. 서울특별시는 '청년패스 사업'의 일환으로 청년 1인 가구에 40만 원 상당의 이사 서비스 바우처를 지급하는 등 1인 가구의 주거 비용을 보전하려는 제도를 시행하고자 한다.

하지만 이것만으로 충분치 않다. 주택 공급 제도의 선정 기준은 전반적으로 정상 가족 이데올로기를 벗어나지 못하는 한계를 지닌다. 국민 임대 주택 등 저렴한 주택 공급 제도에서 동일 순위로 경쟁 시 입주자로 선정되기 위해선 가점을 얻어야 하는데, 이때 세대주의 나이가 많고 배우자를 포함한 65세 이상 직계 존속 1년 이상 부양자이며 미성년 자녀 수와 부양가족 수가 많을수록 높은 가점을 받는다. 이러한 제도는 원천적으로 1인 가구를 배제하고 있다.

주거를 위한 금융 제도인 주거 자금 대출에서도 1인 가구에 대한 고려는 부족하다. '국민주택기금 전세자금대출', '내집마련 디딤돌 제도', '저소득 가구 주택전세자금 대출' 지원 기준에서 만 30세 이하 단독 세대주는 제외된다. 또한 주택금융공사HF에서 제공하는 일반 전세 자금 대출도 자격 기준을 '부양가족이 있는 세대주'로 명시해 1인 가구의 수혜를 원천 차단하고 있다.[15] 청년 1인 가구는 사실상 주거 안정 정책의 사각지대에 있다.

실제로 청년 1인 가구의 주거 문제에 대한 심각성을 인지하고, 허울뿐인 지원 정책에 의문을 제기하는 청년들이 있다. 바로 청년 주거권 문제 해결을 위한 시민단체 '민달팽이 유니온'이다. 민달팽이 유니온은 서울의 한 대학에 재학 중이던 청년들이 서로의 이사를 도와주고 주거 보조금 성격의 장학금을 도입하는 활동으로 시작됐다. 나아가 청년을 위한 주거 상담사를 양성하는 데 앞장서고, 청년들이 살 수 있는 주택을 설립하기도 했다. 이런 작은 움직임을 발판으로 민달팽이 유니온은 약 10여 년 동안이나 청년의 주거 문제와 관련된 다양한 활동을 보여왔다.

혼자 잘 살기 연구소와의 인터뷰에서 민달팽이 유니온은 청년 주거에 관해 생각해볼 만한 여러 가지 이슈를 던졌다. 다음은 인터뷰 중 민달팽이 유니온의 발언이다.

"정말 청년들이 마주한 현실을 고려한 주거 정책인가요? 수입이나 자산이 안정적으로 구축되어 있지 못한 청년들에게 신용을 기반한 대출 정책으로는 충분한 주거 비용을 충당케 할 수 없어요."

"상한 음식을 팔면 그 식당은 처벌받잖아요, 그런데 하자 있는 집을 팔았을 때는요? 이런 것도 집이라고 부동산에 내놓았

나 싶은 집들이 너무나도 많을뿐더러, 당당하게 위반건축물
을 판매하는 집주인과 중개사도 허다해요."

"집 구하는데 부동산에서 부모님이 보증금 지원 안 해주냐고
묻더라고요. 부모로부터 물려받은 것 없이는 제대로 된 주거
환경조차 영위할 수 없는 사회가 과연 공정함을 추구할 수 있
을까요?"

"각종 주택 정책이 위치하는 곳이 전부 달라요. 월세 지원은
서울 주거포털에서, 주거 상담은 서울주거상담센터로, 전세
자금 목돈 마련은 서울청년포털로 들어가서 봐야 해요."

이렇듯 1인 가구의 주거를 개선하기 위한 정책적 노력
은 여전히 불완전하다. 민달팽이 유니온과 같이 청년들이 목
소리를 높여야 하는 지점이 아직도 많은 것이다.

건강의 문제
한편 1인 가구는 눈치를 볼 동거인이 없어 다인 가구보다 훨
씬 자유롭다. 자유에는 책임이 따르는 것처럼 혼삶의 자유는
1인 가구의 큰 장점이자 단점이다. 스스로 훈련된self-disciplined
사람들은 본인만의 생활 리듬을 유지하며 건강한 생활이 가

능하지만, 그렇지 않은 사람들은 생활 리듬을 잃어버리기 쉽다. 통계청에 따르면 2020년 1인 가구의 건강 관리 실천율은 전체 인구에 비해 낮았다. 정기 건강 검진과 적정 수면 실천율은 75퍼센트 내외지만, 규칙적 운동 실천율은 39.2퍼센트로 저조한 편이다. 불규칙한 수면과 생활 패턴은 당연하게도 건강에 큰 해가 되는데, 1인 가구는 아플 때 가까이서 상시로 돌봐줄 누군가도 없다.[16]

　식사 역시 건강과 관련해 1인 가구가 해결해야 할 큰 문제이다. 시간을 맞춰 끼니를 챙기는 것은 규칙적인 생활 리듬을 위한 사회적인 활동이다. 하지만 혼자 사는 사람에게 식사를 챙기는 것은 매우 귀찮은 일이다. 사회적 리듬을 느끼지 못하는 1인 가구들은 평균적으로 하루에 두 끼를 먹으며, 일주일에 다섯 끼를 컵라면, 삼각김밥, 과자류 등으로 대충 때운다. 간편함에 치중한 식사는 영양 불균형으로 이어진다. 또한 1인 가구와 다인 가구의 건강 행태를 비교분석한 연구에서 청년 1인 가구의 흡연율과 음주율이 상대적으로 높게 나타났다.[17] 자유가 1인 가구의 건강에는 독이 될 수도 있는 것이다.

생활의 문제

1인 가구는 일상생활의 부담이 크다. 가사 노동을 분담할 사람이 없어 한정된 시간을 쪼개 일도 하고 가사까지 해야 한다.

생활에 필요한 가사 도구 일체를 좁은 공간에 구비해야 한다는 어려움도 있다. 통계청에 따르면 1인 가구의 25퍼센트가 식사 준비, 주거 관리 등 가사에 어려움을 느끼고 있다. 생활비와 같은 경제적 문제나 외로움 등 정서적 문제보다 높은 수치다. 음식 배달 플랫폼 배달의민족의 '1인분 서비스'나 비대면 세탁 서비스 '런드리고'와 같이 1인 가구를 겨냥한 서비스가 늘어나고 있지만 아직 식사 배달, 세탁물 처리에 한정되어 있으며 적극적으로 이용하기에는 가격 역시 만만치 않다.

안전의 문제

1인 가구, 특히 여성 1인 가구 사이에서 꾸준히 대두되는 어려움은 안전 문제다. 1인 가구의 걱정은 응급, 구급 상황, 생활 안전, 주거 침입, 도난으로 나뉜다. 한국 사회의 치안은 과거에 비해 개선됐고 전 세계적으로도 높은 편이지만 주거 침입에 대한 1인 가구의 걱정은 매년 높은 수준을 유지하고 있다. 특히 20대 여성의 경우 도난 및 강력 범죄에 대한 우려가 크다. 1인 가구가 안전에 대해 우려하는 상황은 크게 두 가지다. 주거지가 근본적으로 안전하지 않다고 느끼거나 위험 상황에 혼자 대처하기 어렵다는 것이다.

KB금융지주 경영연구소의 〈2020년 한국 1인 가구 보고서〉에 따르면 주거지가 안전하지 않다고 생각하는 이유는 주택 자체에 방범 장치가 부족하다는 점이 주요하다. 안전·방범에 대해 안심하지 못하는 이유로 "CCTV 부족", "주변 이웃을 신뢰하기 어려움", "인적이 드문 곳이어서" 등이 언급됐다.

게다가 1인 가구는 위험 상황 발생 시 대처 자체가 어렵다. 대처와 신고를 혼자서 동시에 수행하기 어렵기 때문이다. 절반에 가까운 1인 가구가 안전·방범을 강화하기 위해 집에 방범 장치를 설치한다. 여성의 경우, 휴대용 호신·경호 기기를 구비하거나 비디오 폰video phone 등을 설치한다. 실제로 20대 여성 13퍼센트가 안심 귀가 서비스를 이용한 경험이 있다고 밝혔다. 공효진, 김예원 주연의 스릴러 영화 〈도어락〉과 같이 여성 1인 가구의 공포를 주제로 한 영화도 나왔다. 혼자 사는 집에 누군가 침입하면 가족·지인을 긴급 호출해야 하는지, 경찰에 우선 신고해야 하는지, 주어진 상황을 먼저 수습할 것인지 신속한 판단을 내리기 어렵다. 또한 거주자가 눈치채기 어려운 주거 침입 범죄 수법도 있어 1인 가구 혼자 대처하기란 쉽지 않다.

외로움 문제

혼삶의 어려움 중 하나는 외로움이다. 사회적으로 유리된 채 혼자 지내는 시간이 많아지면 외로움은 증가한다. 1인 가구가 겪는 외로움은 사회 문제로 발현된다. 보건복지부 통계에 따르면 고독사로 추정 가능한 무연고 사망자 수는 지속적으로 증가했다. 2019년 2656명, 2020년 3136명, 2021년 3488 명이다. 고독사 가운데 54.9퍼센트는 50~64세 중장년인 것으로 나타났다.[18] 고독사에 취약한 계층이 사망 전 호소한 어려움으로는 사회적 고립으로 인한 우울증이 큰 비중을 차지하고 있다. 각 지방 자치 단체(이하 지자체)는 이를 중요한 사회 문제로 인식하고 고독사 감지 및 대응을 위해 많은 활동을 벌인다. 대표적으로 서울시는 중장년 1인 가구 맞춤형 상담, 고독사 예방 사업, 한지붕 세대공감 등의 사업을 추진하고 있다.[19]

1인 가구가 느끼는 외로움이 모두 죽음을 향하고 있다는 의미는 아니다. 서울대학교 자유전공학부 장대익 교수에 따르면, 관계로부터 비자발적으로 고립되어 생기는 외로움과 일반적 의미의 자발적인 고독은 구별할 필요가 있다. 현대인은 과도한 사회적 관계에 지쳐 있고, 그로부터 고갈된 사회적 자원을 충전하고 싶어 한다. 고독은 이 과정에서 스스로 선택한 사회적 생존 기술이다.[20] 반면 외로움은 사회적 유대감의 부재에서 온다. 그렇기 때문에 삶에 위협이 되는 외로움을 해결하기 위해서는 사회적 관계가 부족한 사람들을 대상으로 사회적 유대감을 강화할 수 있는 대응책이 필요하다.

혼삶 속에서 마주하는 문제들은 새로운 수요로 이어진다. 다인 가구에서 1인 가구로 거주 형태가 변했을 뿐 삶의 필수 요소들이 변하는 것은 아니기 때문이다. 가사, 치안, 사회적 유대감은 여전히 필요하다. 많은 기업은 이를 겨냥한 다양한 제품을 출시하는데, 서론에 말한 것처럼 4인 가구 전용 가전을 단순 소형화한 것부터 시작해 삶 전반을 더 효율적으로 만들어 줄 수 있는 제품까지 있다.

소형화 ; 작아지는 가전제품

밥을 지어 먹고, 옷을 세탁·건조하고, 음식물을 냉장고에 보관하는 것은 가구원이 줄어도 필수적인 것들이다. 이를 담당하는 가전제품은 기능이 아닌 크기가 변했다. 1인용 밥솥, 소형 세탁기, 소형 건조기, 소형 냉장고 등이다. 1인 가구는 밥솥에 밥을 한가득 지어 놓고 보온 기능을 활용하는 다인 가구

(좌에서 우 순서대로)LG전자 프라이빗 스크린 '스탠바이미', 삼성전자 휴대용 프로젝터 '더프리스타일'. 위니아 '뉴 미니 건조기'
ⓒ네이버 쇼핑

혼삶을 돕는 제품과 서비스

구분	제품	서비스
소형화	1인용 밥솥, 소형 세탁기, 소형 건조기, 소형 냉장고	-
효율화·원격화	큐커, 진공압축기, 접이식 가전	마타주, 클로젯쉐어, 고고엑스, 얼리, 청소연구소
안전·치안	블랙박스 도어락, 방범 CCTV, 열림경보기, 소음발생기, 택배스탬프, 패닉버튼, 이머전시 콜	-
외로움·자기 강화	페디, 아이보, AI돌봄 로봇, 알약 알리미	와요, 도그메이트, 문토, 커넥팅, 홈트레이닝 앱

와 사정이 다르다. 음식 배달 및 외식 비율도 높아 잔반이 남지 않을 정도의 용량을 선호한다. 세탁기의 경우 한 번 돌릴 때 들어가는 빨래의 양이 적은 1인 가구에게 다인 가구를 상정한 다양한 기능은 다소 부차적으로 느껴질 수 있다. 1인 가구는 보통 용량이 작고 기본적인 기능에 충실한 제품을 선호한다. 냉장고도 마찬가지다. 다인 가구처럼 요리를 자주 하지 않고 많은 식재료를 보관하지 않기 때문에 다양한 기능보다 가성비 좋은 용량의 제품을 선호한다. 많은 1인 가구가 좁은 방에 살기 때문에 제품의 크기는 작을수록 좋다. 기능적으로도 부피로도 소형화된 제품들이 선택받는다.

효율화와 원격화 ; 한정된 시공간을 넘어

앞서 살펴본 혼삶의 문제 중 기술이 해결할 수 있는 것은 효율성이다. 분업이 어려운 1인 가구는 생업과 가사를 동시에 수행하기에 시간이 부족하다. 공간도 제한적이다. 1인 가구의 지배적인 주거 형태는 원룸인데, 애초에 원룸은 최소한의 기능만 담고 있다. 따라서 이에 맞는 제품과 서비스로 보완될 필요가 있다. 제한된 시공간을 효율적으로 사용할 수 있게 돕는 기술에는 어떤 것이 있을까?

시간을 효율적으로 활용할 수 있도록 하는 제품 중 대표적인 것이 삼성전자에서 출시한 'BESPOKE 큐커Qooker'(이하 큐커)다. 큐커는 기존 전자레인지 크기에 에어프라이어, 전자레인지, 토스터, 그릴의 네 가지 기능을 모두 담고 있다. 애플리케이션을 통한 원격 조작이 가능하고 알림 기능도 있다. 큐커 전용 애플리케이션으로 밀키트의 바코드를 인식하면, 자동으로 레시피에 맞는 조리 시간이 설정된다. 기능의 압축을 통한 효율화는 1인 가구에게 매력적이다.

제품은 아니지만 가사에 들어가는 시간을 절약해 1인 가구의 여가를 보장하는 가사 도움 서비스도 있다. 생활연구소의 '청소연구소Cleaning Lab'는 애플리케이션을 통해 신청하는 홈 클리닝 서비스다. 청소 영역별 가이드에 맞게 청소, 설거지, 분리수거, 음식물 쓰레기 배출, 화장실 청소 등을 진행하며 평수에 따라 서비스 시간과 가격도 다르다. 청소 도우미의 신원 확인을 강조하고 집 비밀번호 등을 암호화해 보관하는 점 역시 독특하다. 청소연구소에 대한 만족도는 재이용률로 드러나는데 2022년 1월 기준 연간 재이용률은 83퍼센트에 달한다. 1인 가구는 기술과의 분담을 통해 가사에 들어가는 시간을 절약하고 있는 셈이다.

주식회사 워시스왓의 '세탁특공대'나 의식주컴퍼니의 '런드리고LaundryGo'는 1인 가구의 세탁을 돕는다. 두 플랫폼 모두 모바일 세탁 및 수선 서비스를 제공한다. 일일이 세탁소를 방문하기 어렵거나 주거 시설에 세탁기가 없는 1인 가구에 적합한 솔루션이다. 문고리에 세탁물을 걸어 놓고 앱으로 수거 신청을 하면 다음 날 세탁된 의류가 문 앞으로 배송된다. 세탁물 수거와 배송이 빠르고 비대면으로 이뤄진다는 점이 강점이다. 앞서 살펴본 바와 같이 1인 가구는 세탁물을 맡기고 찾으러 가는 시간도 부족하기 때문이다.

그렇다면 공간 활용을 효율적으로 돕는 것은 무엇이 있을까? 앞서 살펴본 소형 가전 이외에도 진공 압축기, 접이식 가전 역시 1인 가구의 공간 활용을 돕는다. 사진에 나와 있는 소파 베드, 선풍기, 심지어 주전자까지 접이식으로 출시되고 있다.[21] 가구 틈에 수직으로 보관하는 등 수납이 용이한 제품들에 대한 선호가 높다.

(좌에서 우 순서대로)접이식 소파 베드, 유니맥스 접이식 선풍기,
키친아트 접이식 실리콘주전자 ⓒ네이버 쇼핑

아예 보관 공간을 제공하기도 한다. 그중 가장 직관적
인 것은 '셀프 스토리지self-storage' 서비스다. 해외에선 이미 보
편적이고 한국에서는 1인 가구를 중심으로 각광받고 있다.
마타컴퍼니의 물건 보관 서비스 '마타주'나 세컨신드롬의 '미
니창고 다락'(이하 다락)이 대표적이다. 마타주는 보관 예약부
터 물건 확인, 물건 찾기, 결제, 알림 서비스까지 스마트폰 앱
서비스로 이뤄진다. 다락은 셀프 스토리지 지점 수 1위라는
것이 강점이다. 무인 운영 창고에 쉽게 방문할 수 있고, 픽업
서비스를 이용할 수도 있다. 이들 서비스는 비교적 소형 짐인
계절 옷부터 중·대형 짐에 속하는 자전거나 가전까지 수납할
수 있어 공간이 부족한 1인 가구에 좋은 솔루션이다. 그 외에
도 갑작스러운 이사로 임시 창고가 필요한 1인 가구에 큰 도
움이 된다. 다락의 홈페이지에서 확인되는 재이용률은 무려
91.5퍼센트에 달한다. 또한 더클로젯컴퍼니의 '클로젯셰어

Closetshare'는 보관 서비스라는 점은 같지만 공유 경제를 만들고 자 한다는 점에서 독특한 포지션을 취한다. 클로젯셰어는 공 유 옷장을 표방하는데, 의류 보관뿐 아니라 이용자들끼리 의 류, 가방, 액세서리 등을 기간 단위로 대여하기도 하고, 안 입 는 의류를 나누기도 한다.

그 밖에 이사가 잦은 1인 가구의 특성을 고려한 서비스 도 있다. 소형 이사 서비스와 가전 제품 구독 서비스다. 고고 밴코리아의 원룸 이사 지원 서비스 '고고엑스GOGOX'는 오토 바이부터 1~25톤 및 특수 차량까지 다양한 선택지를 제공한 다. 주식회사 그린위치의 가전제품 구독 서비스 '얼리'에서는 TV, 오디오, 리빙·주방 등 다양한 가전을 대여할 수 있다. 직 장 또는 학업 등의 이유로 이사가 잦아 모든 가전제품을 마련 하는 것이 부담인 1인 가구의 어려움을 파고들었다.

효율화를 넘어 많은 분야에서 원격화가 시도되고 있다. 퇴근길에 핸드폰 버튼 하나로 세탁기를 작동시키는 등 시공 간의 제약을 넘어서는 기술이 등장하는 것이다. 삼성전자의 '스마트싱스SmartThings', LG전자의 '씽큐ThinQ'와 같은 서비스 가 대표적이다. 이들은 앱으로 언제 어디서든 자사 브랜드의 가전제품을 컨트롤할 수 있는 플랫폼이다. 이러한 원격 서비 스는 단순히 1인 가구의 삶에 여유를 만드는 것을 넘어섰다. 마치 집사와 같이 생활 패턴을 파악해 맞춤 서비스를 제공하는 방향으로 발전하고 있다. 사물인터넷IoT은 외출 시 집에 상주하는 사람이 없는 1인 가구로서 반가운 기술이다.

안전한 혼삶을 위하여

혼삶이 마주한 다양한 문제 가운데 가장 민감한 것은 단연 안전이다. 다인 가구 내에서는 각각의 구성원이 서로에게 직·간접적인 보호막이 되지만, 혼자 사는 1인 가구는 일상생활에서 위험에 비교적 쉽게 노출된다. 실제로 1인 가구가 집중된 지역은 쉽게 범죄의 대상이 된다. 한국법경제학회에 게재된 연구 결과에 따르면 1인 가구 비율이 1퍼센트 증가할 때 범죄율은 10만 명당 약 247건까지 증가한다. 특히 절도, 성범죄의 증가치가 높다.[22]

기업은 안전에 대한 수요를 파악해 차별화된 제품과 서비스를 내놓고 있다. 대표적으로 '블랙박스 도어락'이 있다. 이 제품은 생체 인식 기술 기반 도어락으로 안면 인식, 사용자 비접촉 자동 감지, IoT서비스, 비밀번호, 카드(NFC·Near Field Communication, 근거리 무선 통신) 사용, 원터치 열림·잠금, 화재 센서 등의 기능을 제공한다. 인증 방법을 개인이 선택할 수도 있다. 여성 1인 가구, 독거노인 가구 사이에서 인기가 높은 제품이다.

'소음 발생기', '택배 스탬프'와 같이 기존의 모델과 차

(좌)아이리시스 다기능 블랙박스 도어키 제품 설명 ⓒIRISYS 홈페이지
(우)휴대용 패닉버튼 ⓒ네이버 쇼핑

별화된 새로운 제품도 나오고 있다. 소음 발생기는 집안에 혼자 있거나, 집을 오래 비워둘 때 집안에 누가 있는 것처럼 보일 수 있도록 의도적인 소음을 만든다. 택배 스탬프는 택배 송장에 찍힌 개인정보를 지울 수 있는 제품으로, 배송 서비스를 자주 이용하는 1인 가구가 가장 간단하게 안전을 확보할 수 있는 방법이다. 이외에도 위급 상황 발생 시 주변에 도움을 요청할 수 있는 형태의 휴대용 '패닉 버튼Panic Button' 혹은 '이머전시 콜Emergency Call'과 같은 제품도 인기를 얻고 있다.

치안을 단순히 기술로만 해결하기 어려운 것은 사실이다. 기술과 함께 사회 전반의 노력이 뒷받침돼야 한다. 다행히도 주거지 치안에 민감도가 높은 1인 가구를 위해 기술뿐 아니라 다양한 정책이 시행되고 있다. 일부 지자체는 안심 귀가 서비스의 일환으로 '1인 가구 안심 동행 서비스', '안심 골목

길 음성 통화 비상벨 시스템' 등을 운영하고 있다. 1인 가구 증가 추세에 따라 이러한 서비스들은 앞으로 더욱 확대될 것으로 보인다.

혼삶의 연결고리

삶의 필수 요소가 채워지면 그다음은 외로움, 삶의 효능감 등의 문제가 따라온다. 1인 가구는 학교, 직장 등 공적인 일과를 제하고 특별한 일정이 없는 한 혼자다. 아침에 눈 뜨고 잠들 때까지 하루에 맞닥뜨리는 여러 가지를 혼자 생각하고 선택하며 생활한다. 그 과정에서의 외로움 해결과 자기 강화self-reinforcement를 위해 1인 가구는 반려동물과 함께하거나 사회·취미 활동을 한다. 자기 강화는 스스로 설정한 삶의 기준에 따라 스스로 다그치거나 보상하는 일련의 과정을 말한다. KB금융지주 경영연구소의 〈2020년 한국 1인 가구 보고서〉에 따르면 1인 가구에게 현재 걱정하는 것을 묻자, '외로움'이란 응답이 특히 20~30대 남성에서 높게 나타났다. 같은 보고서에서 혼삶을 하는 이들이 결혼 대신 그들의 시간과 비용을 투자하는 분야는 개인의 취미 활동과 여행, 여가가 대체로 높게 나났다.[23] 그렇다면 1인 가구의 이런 욕구와 수요는 어떻게 충족할 수 있을까?

　　사회관계의 측면에서 1인 가구는 원할 때마다 소속감

1인 가구가 결혼 대신 비용·시간을 할애하는 분야

연령대	순위	남성	여성
20대	1	자유로운 생활	취미활동
	2	생업에 더욱 충실	생업에 더욱 충실
	3	취미활동	자기계발
	4	취미용품 구입	국내·외 여행
30대	1	취미활동	취미활동
	2	취미용품 구입	국내·외 여행
	3	국내·외 여행	건강·미용
	4	생업에 더욱 충실	생업에 더욱 충실
40대	1	자유로운 생활	국내·외 여행
	2	취미활동	자유로운 생활
	3	국내·외 여행	생업에 더욱 충실
	4	취미용품 구입	취미활동
50대	1	생업에 더욱 충실	취미활동
	2	취미활동	생업에 더욱 충실
	3	건강·미용	자기계발
	4	자유로운 생활, 여행	국내·외 여행

* KB 금융지주 경영연구소, 〈2020 한국 1인가구 보고서〉, 2020.

을 느낄 수 있는 느슨한 연대를 선호한다. 이를 충족하는 대표적인 오프라인 소셜 커뮤니티 서비스는 취미·관심사 기반 커뮤니티를 표방하는 '문토MUNTO'다. 문토는 누구나 참여할 수 있는 원데이 모임으로 취미나 취향이 통하는 사람들을 연결하고 경험을 공유할 수 있도록 한다. 운동·액티비티, 문화·예술, 푸드·드링크, 여행 등 카테고리도 다양하다. 소셜링 서비스는 아니지만 '트레바리Trevari'라는 독서 모임 기반 커뮤니티 서비스도 유명하다. 모두 1인 가구만을 위한 서비스는 아니어도 1인 가구의 사회적 욕구와 잘 어우러진다.

느슨한 연대를 선호하는 흐름은 온라인에서도 이어진다. 오프라인에서의 친분, 즉 사회관계를 그대로 온라인에 옮겨 놓은 기성 소셜 미디어보다 익명 기반의 소셜 미디어가 주는 효과가 크다. 소셜 미디어의 문법을 흔들었던 '비리얼BeReal'은 진정성authenticity과 즉흥성spontaneity으로 사람들을 연결하며 인스타그램이나 페이스북 등을 위협하고 있다. 비리얼은 기존 사회 관계를 모바일에 구현하는 것이 아니라 전 세계 사람들을 공통의 놀이로 초대한다. 하루 한 번, 알람이 울리면 필터 없이 2분 내로 찍어야 하는 사진을 공유하는 방식이다. 서구권의 Z세대에게 폭발적인 인기다. 사회적 가면을 벗어던지고 처음 보는 사람들과 쉽게 '진실의 순간'을 공유하기 때문이다. 이외에도 점점 익명으로 이야기를 주고받고 취향에 맞는 사람들과 대화할 수 있는 모바일 앱이 늘어나고 있다. 느슨한 연대를 추구하는 1인 가구에게 적당한 거리감과 익명성은 매력적인 요소다.

한편 1인 가구 중에서도 자발적인 1인 가구들은 본인의 혼삶을 더욱 건강하고 만족스럽게 꾸려 가길 원한다. 따라서 건강 관리, 레저, 자기 계발, 여행 등 생산적인 활동에 더욱 많은 시간과 비용을 투자한다. 이들의 라이프 스타일과 어우러지는 제품과 서비스도 많다. 대표적인 건강 관리 서비스로 홈트레이닝·운동 앱, 'AI 돌봄 로봇', '알약 알리미' 등이 있다. 이미 유명한 운동 앱인 '나이키 런 클럽(NRC·Nike Run Club)'은 달리기부터 코어 근육 홈 트레이닝까지 맞춤형 운동을 제안하고 그에 맞는 영상을 제공한다. 이러한 서비스는 개별적 건강 관리를 넘어 사람들과의 운동 모임, 레슨 등 또 다른 사회 참여로 이어질 가능성이 크고 일종의 커뮤니티를 형성하기도 한다.

외로움이나 효능감 문제의 해답을 꼭 인간관계나 자기 계발에서 찾지 않는 사람도 있다. 2020년 통계청 조사에 따르면 반려동물을 키우는 가구는 312만 가구다. 이 중 9.2퍼센트가 1인 가구다. 반려동물을 키우기 위해서 많은 조건이 요구되지만 키울 환경이 된다면 정서적으로 큰 의지가 된다. 상당수의 1인 가구가 반려동물을 키우고 있는 미국에선 이미

2017년부터 1인 가구 대상 '펫 케어Pet Care' 서비스가 성장세를 보였다.

혼자 있는 반려동물을 케어하는 펫 시터Pet Sitter 시장이 커짐에 따라 관련 기술에 대한 수요 역시 늘고 있다. 구루아이오티의 펫 시터 로봇 '페디Peddy'가 대표적이다. 페디는 집에 혼자 남겨진 반려동물의 식사를 챙기고, 놀이를 통해 교감한다. '와요Wayo', '도그메이트Dogmate' 등 앱으로 펫 시터를 예약하는 서비스도 있다. 이들은 액션캠을 통한 실시간 영상, 돌봄일지 등을 제공한다. 코로나19 이후 리오프닝Re-Opening으로 사람들의 외출이 잦아지고 집을 비우는 일이 많아지면서 반려동물 돌봄 기술 산업 역시 커지고 있다.

반려동물을 위한 서비스를 넘어, 반려 로봇도 있다. 소니Sony의 로봇 애완견 '아이보AIBO'는 인공지능 엔진과 카메라를 장착하고 있다. 주인을 인식하고 미소에도 반응하며 강아지처럼 감정을 표현한다. 반려동물을 키우고 싶지만 돌봄을 제공할 여력이 없는 1인 가구들에게 반려 로봇은 하나의 선택지일 수 있다.

혼삶이 겪는 다양한 문제에 기술은 나름의 솔루션이 되고 있다. 다만 관련 제품과 서비스를 폭넓게 이용하려면 재정적 여유가 필요하다는 맹점이 있다. 앞서 언급한 KB금융지주 경영연구소 〈2022년 한국 1인 가구 보고서〉의 1인 가구 연소득 분포 추이를 보면 전반적으로 1인 가구의 소득은 늘어나고 있다. 하지만 여전히 삶의 현장에서는 경제적으로 어려운 1인 가구를 쉽게 찾아볼 수 있다. 제품과 서비스만으로는 해결되지 않는 부분을 직시하기 위해 주목해야 할 것은 결국 주거 문제다. 다음 장에서는 이를 공간 솔루션 관점에서 살피고 대안으로 등장한 코리빙Co-living을 구체적으로 분석하고자 한다.

쪼개진 방

1인 가구에게 가장 필요한 정책이 무엇인지 물으면, '경제적 지원'과 '주거 지원'이 앞다퉈 언급된다. 삶의 기본 요소인 의식주 가운데 주住는 애초에 충족하기 가장 까다로울뿐더러 청년 1인 가구의 경우 이 문제에 더 취약하다. 노동 불안정성 또는 학업이나 취업으로 인한 주거 이전 가능성이 커 주거 공간에 많은 돈을 투자하는 것이 어렵기 때문이다. 거처를 옮겨야 할 때마다 마땅한 주거 공간을 찾는 것도 일이다. 이는 청년 1인 가구의 주거 불안정으로 이어진다. 앞서 다룬 1인 가구 주거의 문제를 다양한 측면에서 좀 더 깊숙이 살펴보자.

1인 가구를 위한 주거 환경이 미흡하다는 것은 용어에서도 알 수 있다. 주택의 종류를 법적으로 나누는 기준은 단독 주택과 공동 주택이다. 여기서 공동 주택은 다가구 주택, 연립 주택, 아파트 등으로 나뉜다. 오피스텔은 업무용 공간으로 분류된다. 그런데 막상 1인 가구의 주거 형태를 떠올리면 이러한 분류는 와닿지 않는다. 일반적으로 하숙집, 고시원, 원룸, 오피스텔 등이 생각난다. 이러한 용어 구분은 제도에서 밀려난 1인 가구의 현실을 역설한다.

법적 용어로 구분한 1인 가구의 주거 형태는 어떨까? KB금융지주의 〈2022년 한국 1인 가구 보고서〉에 따르면 2022년 기준 1인 가구가 가장 많이 거주하는 주택 유형은 '아파트'로 36.2퍼센트를 차지했다. 2020년 가장 많았던 '연립 및 다세대 주택'을 앞질렀다. 거주 주택 규모는 여전히 초소형 및 소형 비율이 82.9퍼센트 높다. 다만 이 연구는 전 연령 대상이다. 청년 1인 가구의 주거 형태를 법 용어 테두리에서 벗어나 알아보자. 1인 가구 자취 습관 형성 애플리케이션 '혼족의 제왕'이 20~30대의 1인 가구를 기준으로 2020년에 진행한 조사에서 응답자의 46.2퍼센트가 원룸에 살고 있다고 답했다. 오피스텔이 18.5퍼센트, 기숙사나 셰어 하우스가 10퍼센트로 그 뒤를 이었다.[24] 또 1인 가구의 47퍼센트는 월세, 32퍼센트는 전세로 살고 있으며 19퍼센트만이 자가를 소유하고 있었다.[25]

우리나라 1인 가구는 주거 빈곤에서도 높은 수치를 보인다. 2020년 기준 1인 가구 중 20~30대는 35.9퍼센트, 40~50대는 29.2퍼센트, 60~70대 27.6퍼센트, 80대 이상은 7.1퍼센트다. 청년 세대가 다른 세대보다 높은 비율을 차지하고 있는데, 서울의 경우 1인 가구의 51.7퍼센트가 청년층이다. 그중 절반이 월평균 소득 100만 원 미만의 청년 1인 가구다. 특히 직장과 가까운 곳에 사는 청년 1인 가구일수록 경제적 빈곤율은 높다. 1인 가구 비율이 높은 서울시 청년 주거 빈곤율은 2000년 31.2퍼센트에서 2015년 37.2퍼센트로 증가 추세를 보였다. 전체 가구 주거 빈곤율이 2000년 29.2퍼센트

1995~2015년 주거 빈곤율 변화

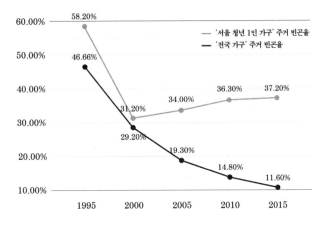

* 한국도시연구소, 1995-2015.

에서 2015년 12.0퍼센트로 하락 추세를 보인 것과는 대조적
이다.[26]

　경제적 여유가 없는 1인 가구는 아파트가 아닌 빌라를
선택할 수밖에 없고, 자가가 아닌 월세 형태로 매년 주거지를
옮겨야 한다. 투룸이나 쓰리룸과 같이 방 하나를 더 꿈꾸는 것
은 사치다. 청년 1인 가구의 평균 주거 사용 면적은 현저히 작
으며 그마저 감소세를 보인다. 실제로 서울시 청년 1인 가구
가운데 37.2퍼센트가 최저 주거 기준에 못 미치는 곳에서 산
다.[27] 거주용 건물에 거주하는 비율은 24퍼센트에 불과하다.

이는 1인 가구의 주거 빈곤 원인에 또 다른 문제가 있음을 보여 준다.

1인 가구의 경제적 불안을 떠나, 주택 공급의 근본적인 문제 역시 짚어볼 필요가 있다. 1인 가구가 주로 거주하는 공간은 4인 가구에 최적화된 공간을 나눈 것이다. 이미 설계된 주택은 축소되거나 부분 제거된 형태로 1인 가구에 제공된다. 쪼개진 공간에서 1인 가구는 4인 가구와 동일한 삶의 질을 누리기 어렵다. 모두에게 익숙한 거실-주방-침실의 구조는 다인 가구 중심의 공간 구획이다. 특히 거실은 가족 중심 설계의 핵심이다. 가족 구성원이 공유하며 교류하는 공간이기 때문에 거실이 가장 좋은 곳, 중앙에 위치한다.[28] 그리고 거실을 중심으로 주방-침실로 퍼져나가는 구조가 기본적인 설계다. 소형 평수에 거실-주방-침실 구조를 갖추기 위해서는 공간을 쪼갤 수밖에 없다. 그렇게 1인 가구의 생활 공간은 점점 작아진다.

가장 극단적인 예가 고시원이다. 고시원은 주방과 거실이 부분 제거된 채 침실만 공급되는 형태다. 침실마저 완전하지 않다. 가벽으로 타인의 주거 공간과 경계 지어졌을 뿐이다. 방음과 프라이버시 침해 문제에서 자유롭지 못하다. 이와 같은 사례에서 볼 수 있듯 1인 가구의 주거 공간은 4인 가구의 공간 구획에서 벗어나지 못한 채 임시방편식으로 공급된다.

1인 가구를 고려하지 않은 공간 설계는 1인 가구의 주거 문제를 고착화할 수밖에 없다.

제3의 공간

도시 설계도 마찬가지다. 지금의 도시에는 1인 가구를 위한 제3의 공간이 없다. 제3의 공간이란 미국의 사회학자인 레이 올든버그Ray Oldenburg가 1999년 그의 저서 《제3의 장소The great good place》[29]에서 말한 개념이다. 동네 주민들이 부담 없이 시간을 보낼 수 있는 친근하고 따뜻한 공간을 말한다. 공원, 서점, 카페, 체육 시설 등이 그 예다. 나아가 단순히 물리적으로 운동과 취식 등을 하며 여가를 즐길 수 있는 공간뿐 아니라, 주변 사람들과 교류할 수 있는 공간들을 포함하기도 한다. 이런 공간을 흔히 '인프라'라고 부른다. 제3의 공간, 즉 인프라가 잘 갖춰진 주거 환경을 가진 곳일수록 사람들의 선호도는 올라가고 집값이 상승하기 마련이다. 반대로 말하면, 제3의 공간이 미비한 곳일수록 사람들의 선호도가 낮아 집값이 상대적으로 낮다. 자연스럽게 경제적 빈곤율이 높은 청년 1인 가구가 모여들게 된다.

실제로 1인 가구가 많이 거주하는 빌라 및 원룸촌을 상상해 보자. 좁은 골목 사이로 빌라와 연립 주택이 들어서 있고 그 틈은 자동차와 오토바이가 빽빽하게 채우고 있다. 길 구석

구석 잡다한 쓰레기들이 가득하다. 공원, 카페, 체육 시설과 같은 제3의 공간이 들어갈 틈을 주지 않는다. 제3의 공간 부재는 주거 환경 음지화로 이어지기 쉽다. 주거 환경의 음지화는 물리적인 질의 하향만을 의미하지 않는다. 공원과 커뮤니티 등 동네 주민들이 모여 소통할 수 있는 공간의 장場이 없다는 것을 뜻한다. 1인 가구에게는 거실도, 제3의 공간도 없다. 소통 공간의 부재는 1인 가구가 사회적으로 고립되기 쉬운 구조로 이어진다.

4인 가구의 축소판이 아닌 1인 가구를 독립된 가구 형태로 보는 새로운 시각이 필요하다. 새로운 가구 형태에 맞는 새로운 주거 형태에 대한 근본적인 고민은 '따로 또 같이'라는 문법을 만들어 냈다. 이에 대한 반증으로 최근 공유 주택 중 하나인 셰어 하우스가 급속도로 증가하고 있다. 기존의 공유 주거 형태인 하숙집을 넘어 셰어 하우스에서 발전된 '코리빙 하우스co-living house'라는 새로운 선택지도 등장했다.

'따로 또 같이'의 문법

다인 가구에 맞춰 설계된 주택과 도시를 당장 바꿀 순 없다. 법과 제도도 빠르게 변하는 현실을 반영하기엔 무리가 있다. 그렇다면 주거의 개념을 바꿔 보는 건 어떨까. 이런 시도에서 나온 것이 바로 '공유 주거'다. 공유 주거의 역사는 18세기 유럽으로 거슬러 올라간다. 당시 유럽 전역에서는 경제적 또는 종교적 이유로 사람들이 모여 살기 시작했다. 우리가 아는 코리빙의 모습과 가까운 형태는 1930년대의 스웨덴 코하우징 문화에서 비롯됐다. 급속한 산업화와 도시화로 도시 인구 과밀 현상이 나타났고 주택이 부족해지며 일종의 모여 사는 형태가 등장했다. 그리고 1970년대부터 덴마크와 스웨덴을 중심으로 확산됐다. 국내에서는 2010년대 도시 밀집으로 인해 임대료가 급증했고, 공유 주거 개념을 수용하기 시작했다.

공유 주거가 등장하고 어원, 개념, 운영 방식 및 목적, 규모를 둘러싼 해석은 국가와 연구자마다 달랐다. 새로운 주거 형태는 급격히 발달했기 때문에 다양한 해석에 있어 합의를 이룰 시간이 부족했다. 지금도 공유 주거 관련 용어들은 매우 다양하다. 코하우징co-housing[30]과 셰어 하우스[31], 코리빙 하우스 등이 그것이다. 용어에 따라 형태도 조금씩 다르다. 그중에서 우리는 코리빙 하우스에 주목했다. 개인 공간과 공용 공간facility sharing이 공존하는 개념이다. 개인 공간을 따로 두되 화장실, 주방, 체육 시설, 거실 등 생활에 필요한 편의 시설은 공유하는 것이다. 코리빙 하우스 거주자들은 보통 시간차를 두고 공용 공간을 이용한다.

코하우징과 코리빙 하우스가 구별되는 지점은 자발성이다. 코하우징은 이를테면 협동 주거 형태다. 하나의 주택에서 공간을 공유한다기보다 개별의 주택에서 별도의 공동 시설을 합의 하에 함께 쓰는 개념이다. 자발적으로 운영되는 코하우징과 다르게 코리빙 하우스의 모든 공간은 관리자가 거주자들의 의견을 수용해 운영한다. 관리자는 일반적으로 부동산 소유자와 계약을 맺고 거주지를 코리빙 시설로 전환한다. 공간이 준비되면, 마케팅 및 세입자 식별, 임대 징수, 부동산 유지 보수 및 관리, 지역 사회 행사 조직 등 시설의 라이프 사이클을 관리한다.[32] 부동산 소유자와 세입자 모두의 의견을 조율하고, 문제를 해결하는 것도 관리자의 역할 중 하나다.

코리빙 하우스의 가장 기본적인 형태적 특징은 개인 공간과 공용 공간의 분리이다. 다음 페이지의 그림은 코리빙 하우스의 대표적인 공간 구조다. 세부적인 구조는 국내 코리빙 하우스 사례를 바탕으로 살펴보려 한다.

한국 실내디자인학회에 따르면 코리빙 하우스의 공용 공간은 세 가지로 구분된다.[33] 거주자들이 소통하는 커뮤니티 공간, 취미 활동을 공유하는 여가 공간, 업무 및 개인 작업을 하는 작업 공간이다. 거주자들은 루프탑, 휴게실, 연회장, 라운지 등 커뮤니티 공간에 모여서 이야기를 나누고 유대 관계를 형성한다. 여가 활동 공간은 개인 혹은 팀 단위로 이용할 수 있는 라이브러리, 전시실, 취미실, 실내 운동장, 피티룸 등이다. 작업 공간은 팀 단위 작업이 가능한 미팅룸이나 코워킹

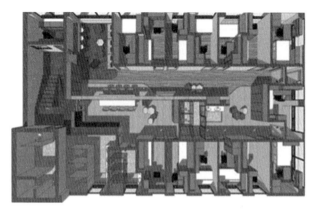

코리빙 하우스 개념도[34] ⓒ집데코

스페이스, 그리고 개인 업무를 위한 비즈니스룸 등을 말한다.

공용 공간을 잘 갖추고 있는 국내 코리빙 하우스의 대표적인 예는 '쉐어원ShareOne' 신림점이다. 쉐어원 신림점은 여성 전용 코리빙 하우스로 20~30대 여성 1인 가구 라이프 스타일을 고려해 공용 공간을 설계했다. 구조는 비교적 단순하다. 기본적인 생활을 위한 화장실, 세탁실, 공유 주방, 신발장, 우편·택배실 등이 있으며 커뮤니티 형성과 여가 활동을 위한 휴게실과 라운지, 운동 시설 등이 있다.

공용 공간을 특별하게 설계해 운영 중인 코리빙 하우스도 있다. 역삼에 위치한 '커먼타운Commontown'의 트리하우스 지점은 공용 공간이 작업에 특화되어 있는데 코워킹스페이스

코리빙 하우스의 공용 공간 분류

공간 구성	목적	형태
커뮤니티 공간	소통을 위한 공간	루프탑, 휴게실, 라운지, 펫플레잉, 펫 루프탑
여가 공간	취미 활동 공간	라이브러리, 전시실, 취미실, 피티룸, 실내 운동장
작업 공간	업무 및 개인 작업 공간	코워킹스페이스, 미팅룸, 비즈니스룸

* 한국 실내디자인학회, 2022.

와 비즈니스룸을 운영하는 게 특징이다. 여가 활동을 위한 시네마 룸도 마련돼 있다. 재택 업무를 하는 1인 가구를 위한 사무실 같은 분위기가 특징적이다. '에피소드episode'의 서초 393 지점은 반려동물이 놀 수 있는 플레잉 라운지와 펫 루프탑을 공용 공간에 포함했다. 반려동물과 함께 하는 1인 가구가 증가하는 흐름에 맞춰 공간을 조성한 것이다.

혼자 잘 살기 연구소는 리빙랩이다. 리빙랩의 취지에 맞게 서울 구석구석 위치한 여러 코리빙 하우스를 직접 탐방했다. 납작한 논의를 넘어 코리빙 하우스를 더 생생하게 만나볼 수 있는 경험이었다. 여러 전문가로부터 추천받은 코리빙 하우스 중 우리가 자리했던 관악구의 '쉐어원'을 비롯해 종로구의 '맹그로브', '셀립 순라'와 강남구의 '홈즈 스튜디오', '테이블'을 선정해 둘러 본 후 각 건물이 가지는 특장점을 분석하고, 거주하며 느낀 점을 글로 옮겼다.

쉐어원 신림 ; 가성비 좋은 여성 전용 공간

주소: 서울시 관악구 서림3길 64

사업자: 어반 하이브리드

가격: 2022년 기준 월 30만 원대(2020년 기준 20만 원대)

소득에 알맞은 가격 내에서 시설도 괜찮은 방을 찾기란 여간 어려운 일이 아니다. 실제로 주변 친구들의 독립 프로젝트가 '나 홀로 자취'에서 '룸메 구하기'로 틀어졌던 경우도 잦았다. 국내 코리빙 하우스는 시설과 콘텐츠, 입지에 따라 가격이 천차만별이다. 코리빙 하우스에서 지내고 싶은 마음이 들어도 높은 가격이 입주자의 발목을 잡는다. 쉐어원 신림은 그런 점에서 꽤 경제적인 가격을 제시하고 있다. 입주자의 고민을 잘 눌러 담은 공간이라는 느낌을 받았다. 또한 쉐어원의 다른 지점과 다르게 신림점은 여성 전용이라는 점이 특징적이다. 합리적인 가격으로 안전에 대한 니즈를 충족할 수 있기 때문이다.

쉐어원 신림이 눈에 띄게 저렴한 이유는 서울시에서 지원하는 서울시 사회 주택이기 때문이다. 그 외에도 쉐어원은 개발 및 금융 구조 조정을 통해 1인 가구가 지불 가능한 범위 내에서 주거 서비스를 제공하는 것을 목표로 하고 있다. 학원가와의 접근성도 좋아서 고시나 취업 등을 준비하는 사람들이 많이 거주한다. 보통 고시 준비자나 취업 준비생이라고 하면 작은 고시원 단칸방을 떠올리기 쉽다. 하지만 절반의 가격에도 있을 건 다 있다. 특히 프리미엄 서비스처럼 느껴지는 홈 짐home gym을 무료로 사용할 수 있다는 점이 놀라웠다. 홈 짐에는 여타 헬스장을 방불케 하는 기구들이 있고 바로 옆에는 샤워실, 정수기, 심지어는 파우더 룸까지 준비돼 있었다. 기구들이 다소 장엄한 탓에 사용하는 사람이 그리 많아 보이지 않았던 것이 아쉽다면 아쉬운 부분이었다. 이외에도 세탁실이 구비돼 있었다. 미래를 준비하느라 지친 사람들을 위해 '신림서재'라는 공유 서가를 운영하는 등 지하 1층의 넓은 공간에서 다양한 여가 문화 생활을 지원하고 있었다.

여성 1인 가구의 라이프 스타일을 연구해 만든 만큼 세심함이 돋보이는 구석이 많았다. 특히 보안에 더욱 심혈을 기울였다. 건물 내 공동 현관이나 거주 공간, 각종 공용 시설 등에 접근하려면 모든 게이트에서 일일이 지문 인식을 거쳐야 한다. 퇴근 후 코리빙 하우스 내에서 운동을 하고 방에 돌아가기까지 총 다섯 번이나 도어 록door lock을 열어야 한다. 이 과정은 입주민들에게 성가심보다는 내 공간을 보호받는다는 든든함으로 다가온다. 원룸 건물이 즐비한 서림동 골목에서, 이 건물은 늘 굳건히 문을 걸어 잠그고 있다.

쉐어원 신림의 가장 독특한 점은 바로 공간의 구성이다. 공용 공간이 잘게 쪼개져 층마다 마련되어 있다. 쉐어원 신림의 거주 공간에 해당하는 층 가운데에는 공용 시설인 커다란 주방과 거실이 있는데, 이곳을 기준 삼아 좌우로 분리된다. 각 윙에는 네다섯 개 정도의 개인 공간, 각각 두 개의 샤워실과 화장실, 그리고 하나의 작은 주방이 마련되어 있다. 그렇기 때문에 방에서 생활하는 사람들은 굳이 공용 공간으로 나가지 않아도, 열 걸음 안에 기본적인 필요 사항을 충족할 수 있다.

이곳의 청춘들은 제각각 독립적인 공간에서 치열한 삶을 살고 있다. 벽 너머 자신과 같은 사람들이 존재한다는 사실을 알기에, 서로를 배려하는 그들만의 문법을 암묵적으로 만

들어 나갔다. 늦은 새벽에는 샤워를 자제한다든지, 방과 가까운 작은 주방에서는 냄새나는 요리를 지양한다든지, 통화가 길어지면 방음벽이 설치된 홈 스튜디오로 이동한다든지 하는 것들 말이다. 공간의 콤팩트한 분리와 철저한 보안은 코리빙의 본질, 즉 '혼자가 모여 함께 살아가는 곳'이라는 느낌을 준다. 최소한의 반경에서 생활이 가능해 '혼자' 살아가도 괜찮은, 그러면서도 서로를 생각하며 '같이' 살아가는 곳이 바로 쉐어원 신림이다.

맹그로브 ; 코리빙 속 웰니스와 게더링

제철 다이닝 클래스 ⓒ맹그로브시티 인스타그램

주소: 서울특별시 종로구 지봉로12길 17

사업자: MGRV

가격: 2020년 기준 월 60만 원대

준수한 시설을 합리적인 가격에 제공하여 놀라움을 줬던 쉐어원 신림에 이어, 창신역과 동묘앞역 사이 한적한 주택가에 위치한 '맹그로브MGRV' 숭인점에 방문했다. 오래된 주택과 공원으로 둘러싸여 한껏 고즈넉한 동네의 분위기와 달리, 이 건물은 외관부터 어딘가 젊은 기운을 내뿜고 있었다. 내부를 기대하게 만드는 디자인이었다.

맹그로브는 각 지점마다 공용 공간 구성이 다른데 이는 기능적 특성보다 분위기 변주에 가깝다. 홈페이지에는 해당 지점이 위치한 동네를 소개하는 재미있는 약도가 나온다. 지역이 가진 특유의 무드에 자연스럽게 녹아들 수 있게끔 예비 입주민에게 손짓하는 것 같다. 입주 형태도 다양하다. 라이프스타일에 따라 어느 지점에 입주할지를 정하고 하루에서 한 달 정도 살아보는 스테이Stay, 한 달 이상 길게 살아보는 리브 Live 두 가지 입주 형태를 제시한다.

맹그로브의 가장 큰 매력은 분위기다. 사람들과 마주하기 좋고 또 마주치고 싶게 만든다. 처음 맹그로브에 방문하던 날, 언덕을 지나면 보이는 1층 모노 톤의 카페에서는 그루비한 리듬의 음악이 흘러나왔다. 매니저는 곧 뮤지션이 입주할 것이라고 귀띔해 줬다. 건물 초입부터 느껴지는 젊은 감각은 비단 뮤지션 뿐 아니라 젊은 세대 누구라도 살아보고 싶을 만큼 역동적이었다. 도로 쪽 출입문과 연결된 지하 1층에는 공유 주방과 공유 거실, 무인 택배함 그리고 세탁실이 함께 자리하고 있다. 푹신한 대형 소파를 갖춘 공유 거실에는 자취방에선 꿈도 꾸지 못할 큼직한 TV가 있다. 유튜브와 넷플릭스까지 제공된다. 소파에 몸을 맡기며 느긋하게 시간을 보내면, 바로 옆 공동 주방에서 모처럼 휴일을 맞이한 사람들의 요리 냄새가 풍겨 와 자연스럽게 배고픔을 달래고 싶어진다.

물론 층마다 공유 시설이 있는 쉐어원 신림에 비해 다소 귀찮을 수도 있는 구조다. 하지만 입주민들의 개성과 활력이 느껴지는 공용 공간에 내려오지 않고서는 못 배길 것이다. 맹그로브는 MSC(Mangrove Social Club)이라는 이름의 웰니스 커뮤니티를 운영한다. 건강한 일상을 가꾸고 자기다운 성장을 돕는다는 취지다. 다양한 클래스가 정기적으로 열리는데 우리는 '제철 다이닝seasonal dining'과 마음 챙김을 의미하는 '마인드풀니스mindfulness'를 경험했다. 한 달에 한 번씩 건강한 만찬을 즐기며 처음 본 사람들과도 어색함 없이 대화할 수도, 매주 주말에는 명상·요가를 하며 지쳤던 심신을 달랠 수도 있다. 이외에도 강연이나 홈 라이브 공연, 지역 사회의 구성원으로서 해볼 수 있는 다양한 프로그램이 준비돼 있다.

혼자 있는 것을 좋아하는 성격이라면 공용 공간의 장점보다 개인 공간의 안락함을 더 중시할 것이다. 커뮤니티가 강한 만큼 살다 보면 간혹 불편함을 느낄 수 있다. 코리빙이라 해도 가끔 혼자 방에서 컵라면을 하나 끓여 놓고 영화나 보고 싶은 순간도 생긴다. 그런 입주민을 위해 맹그로브 내 개인 세면대는 싱크대로 사용할 수 있는 컨버터블 구조로 설계됐다. 또한 이사철이 되면 어떤 물건을 버리고 챙길지 고민하는 혼족을 고려해 수납 가구도 다양한 버전으로 구비돼 있으며, 철제 옷장과 서랍장은 이동이 쉬워 자유롭게 배치를 바꿀 수 있다. 도심 생활의 걱정인 미세 먼지 퇴치를 위해 천장에는 공기 정화 장치가, 복도에는 리추얼이나 심신의 안정에 도움이 되는 방향제가 있다. 그 외에도 개인실의 스마트 도어 록, 신속한 인터넷 연결을 위해 방마다 비치된 와이파이 공유기 등 젊은 세대가 필요로 하는 것을 고루 갖추고 있다. 전 세계의 공유 하우스를 경험해 본 매니저의 노련함이 느껴지는 부분들이었다.

코리빙의 정의에 알맞게 맹그로브는 개인 공간을 보장하면서도 원한다면 사람들과 쉽게 마주할 수 있는 구조를 지닌다. 혼자가 편하지만 때때로 누군가와 함께하고 싶어 하는 이 시대의 혼족에게, 그리고 특히나 젊음을 공유하고 좋은 영향력을 나누고 싶은 청년들에게 맹그로브는 코리빙 속에서도 웰니스wellness를 추구할 수 있다는 것을 보여준다. 다양한 게더링gathering 프로그램을 통해 커뮤니티 효과를 극대화한 맹그로브는 혼자인 당신도 같이 다채로운 일상을 누려보자고 말을 걸어 온다.

홈즈 스튜디오 ; 기술을 입은 미래형 코리빙

홈즈스튜디오의 공용 공간 ⓒ홈즈스튜디오 인스타그램

주소: 서울 강남구 봉은사로 404

사업자: 홈즈컴퍼니

가격: 2022년 기준 월 100만 원대(2020년 기준 80만 원대)

　　1인 가구는 보통 작은 공간에 살지만 그 공간을 기술로
효과적으로 제어하기란 쉽지 않다. 사물인터넷은 주로 4인
가구가 거주하는 아파트나 값비싼 거주 공간에서 볼 수 있다.
모든 것을 혼자 감당해야 하는 만큼 누구보다 기술의 도움이
필요한 것은 1인 가구일지 모른다. 코리빙 하우스라면 혼자

살면서도 기술의 수혜를 입을 수 있지 않을까? 선정릉에 위치한 '홈즈 스튜디오HOMES Studio'는 단연 '기술 친화적인 코리빙'이라 부를 만했다. 쇼룸 투어에서 느낀 점은 독립 공간과 공유 공간 모두 '내 공간'처럼 편안하게 느껴지게끔 설계됐다는 것이다.

안내에 따라 처음 다다른 곳은 13층에 위치한 홈즈 리빙 라운지였다. 엘리베이터에서 내리자마자 마주한 것은 큰 모니터였는데, 그곳에는 각 공유 공간의 공기 상태와 건물 밖의 기상 정보가 실시간으로 업데이트되고 있었다. 더욱 깊숙이 들어가 보니 다양한 IoT 가전제품 및 스마트 자판기는 물론, 천장에는 공유 거실 무인 운영을 원활하게 할 센서까지 붙어 있었다. 가장 미래적인 코리빙 하우스라는 인상을 받았다. 홈즈 스튜디오의 기술은 작게는 스마트폰의 애플리케이션부터 크게는 내 방과 공유 거실 곳곳의 IoT 시스템까지 포괄한다. 섬세한 기술이 입주민들의 모든 일상에 함께하고 있었다. "혼삶을 풍요롭게 해줄 모든 서비스의 디지털화를 꿈꾼다"는 매니저의 말을 들으니, 다소 높은 가격임에도 공실이 거의 없는 입주 상황이 단번에 이해됐다. 한편으로는 기술이 입주민 개개인 차원을 넘어 입주민들을 얼기설기 모으고 서로 교류하게끔 하는 방향으로까지 나아가면 좋겠다 싶었다.

혼자 사는 것만큼 편하고 자유로운 게 없지만, 동시에

혼자 사는 것만큼 귀찮고 번거로운 일이 없다. 집주인과의 연락, 월세와 공과금 납부부터 시작해 생활에 필요한 모든 물건과 공간을 혼자 관리하는 일은 생각보다 복잡하고 신경 쓰인다. 홈즈 스튜디오는 놀랍게도 이러한 영역까지 기술로 해결하고자 했다. 이는 홈즈 스튜디오가 개발과 중개, 임대 관리, 공간 기획까지의 전 과정에 개입하는 부동산 스타트업이기에 가능한 일이었다. 즉, 실제 사는 사람과 그들의 생활 방식, 건물의 특성을 고려해 공간을 만들고, 임대인과 임차인 모두의 고충을 이해해 애플리케이션으로 관련 서비스를 제공하는 것이다. 홈즈 스튜디오 앱을 통해 입주민들의 목소리를 모두 듣고 답한다는 점은 1인 가구 입장에서 가장 솔깃한 부분이었다. 이러한 서비스는 2022년 10월 임대 관리 자동화 서비스인 '홈즈 케어'라는 이름으로 더욱 확장됐다. 청구와 수납 관리를 모바일로 쉽게 진행할 수 있어 누구라도 어렵지 않게 혼삶을 시작할 수 있다.

감각적인 이름도 눈에 띈다. 홈즈 스튜디오는 리빙 라운지 구성을 나무 블록을 활용해 설명하는데, 리빙 라운지의 이름은 '우리동네 내 거실'이다. 리빙 라운지를 구성하는 '각자의 거실', '우리의 주방', '당신만의 방' 등의 이름에서 개인에 최적화된 경험을 제시하겠다는 포부가 읽힌다. 강남과 선정릉이 한눈에 내려다보이는 라운지의 경치는 고급스러우면서 안락한 느낌을 준다.

홈즈 스튜디오를 둘러보고 집으로 돌아오는 길, 문득 박태원의 1938년 소설 《소설가 구보 씨의 일일》이 생각났다. 무기력한 식민지 시대 지식인의 삶과 지금의 1인 가구의 삶은 경제 형편부터 목적 의식까지 많은 부분 오버랩되기도 한다. 억지스러운 생각이지만 구보 씨가 홈즈 스튜디오의 입주민이라면 그의 일기가 어땠을지를 상상해 봤다.

"홈즈 스튜디오 생활 4개월 차, 주말이라 입주민 전용 소카 Socar를 빌려 드라이브를 가려 했는데 하루 종일 비가 온다고 하니 나가기가 싫다. 더군다나 스마트폰의 홈즈 패밀리 앱 알람은 오늘 엘리베이터 공사와 월세 납부가 일주일 남았다는 사실을 알려준다. 다리 건강과 카드값을 생각하니 오늘 나가는 것은 사치다. 나는 계획을 변경해 13층 거실로 가서 하루종일 뒹굴며 넷플릭스를 볼 생각이다. 홈즈 앱에서 TV 방 사용을 예약하고 거실에 도착해 스마트 자판기에서 간단하게 먹을 만두를 사 데워지기를 기다리니 벌써 신이 난다."

-입주민 구보 씨의 일일

셀립 순라 ; 종로의 아름다움을 담다

셀립 순라 1층에 위치한 공용주방 ©celib life & stay

주소: 서울 종로구 율곡로 10길 11

사업자: 쉐어하우스우주

가격: 2022년 기준 월 150만 원대(2020년 기준 70만 원대)

    종로구에 위치한 코리빙 하우스를 찾았다. 창덕궁과 종묘 사이 골목에 위치한 '셀립 순라Célib Soonra'는 '혼자 살아도 나답게'를 뜻하는 '셀립'과 조선 시대 때 지어진 길의 명칭인 '순라'를 합친 의미다. 이름처럼 전통이 느껴지는 분위기와 구조를 가진 코리빙 하우스다. 정감 넘치는 익선동과 북촌, 종로 3가의 감성이 담겼다.

    셀립 순라는 복고풍 호텔 분위기를 연상시킨다. 짙은

갈색의 나무 벽면과 곳곳에 보이는 병풍, 그리고 옛 내음을 담은 가구들은 주변 길과 어우러지면서도 이 건물만의 개성을 자랑하고 있다. 주황색 조명은 감성을 더했다. 정문을 들어서자마자 반겨주는 것은 공용 부엌이었다. 카페와 부엌이 넓게 펼쳐진 구조다. 확실히 다른 코리빙 하우스에서는 볼 수 없는 특별한 구조였다. 1층의 또 다른 공간인 라운지도 좌식의 느낌을 살려 전통적인 분위기가 물씬 났다. 의자가 아닌 방석, 식탁이 아닌 전통 상이 배치된 라운지 공간은 입주민이 오롯이 자신에 집중할 수 있게 구성됐다는 느낌을 준다. 다른 사람과 무언가를 해야 한다는 압박감은 내려놓을 수 있다. 활기찬 느낌의 맹그로브와는 다르게 정적인 느낌이라 커뮤니티가 부담스러운 1인 가구 사이에서 반응이 좋을 것 같았다.

앞서 설명한 라운지는 식사 공간으로 활용된다. 이곳은 월요일부터 목요일까지 모든 입주민들에게 무료로 저녁을 제공한다. 편리하게 제공되는 밀 플랜meal plan은 셀립 순라의 또 다른 장점이라 할 수 있다. 공용 부엌이 왜 그렇게 구성됐는지 그제야 알 수 있었다. 카페의 크기가 컸던 이유는 입주민들이 편안하게 식사를 할 수 있게끔 하기 위한 것이었고, 부엌이 카페 옆에 있던 이유는 입주민들이 무료 제공되는 저녁과 곁들여 먹을 것을 편하게 준비할 수 있게 하기 위함이었다. 저녁 제공 서비스와 그로 인한 독특한 공용 공간 구조는 커뮤니티

1층 라운지 식사공간 ⓒcelib life & stay

효과를 자연스레 유도한다. 긴 테이블에 옹기종기 둘러앉지 않더라도 각자의 밥상에서 저녁을 먹으며 부담스럽지 않게 소통하고 친해질 수 있는 환경이 조성되는 것이다.

옥상에 위치한 '셀립 루프탑' 역시 셀립 순라의 특색있는 공용 공간이었다. 창경궁과 종묘가 한눈에 보이는 루프탑의 전경은 다른 코리빙 하우스에서 보이는 도시 야경과 달리 고즈넉하고 아름다웠다. 널찍한 루프탑은 1층 카페에서 저녁을 함께 먹으며 친해진 입주민들이 간단히 맥주도 마시고 경치도 즐길 수 있도록 테이블과 의자로 빼곡했다. 루프탑 구석에서 살짝 더 위로 올라가면 지인들과 프라이빗하게 모여서 이야기를 나눌 수 있는 작은 공간도 마련되어 있었다. 세심한 구조와 고풍스러운 디자인, 정적이면서 편안한 부대 시설과 개인 공간은 여유가 있는 입주민이라면 한 번쯤 꿈꿔볼 만한 종로살이를 제공한다. 숨 가쁜 일상을 떠나 잠시 혼자만의 시간을 보내고 싶은 1인 가구가 지내봄 직한 공간이었다.

테이블 ; 코리빙에 멤버십을 더하다

주소: 서울 강남구 역삼로 106

사업자: SK D&D

가격: 2020년 기준 월 90만 원대

셀립 순라가 특유의 분위기로 우리를 매료시켰다면, '테이블Table'은 가는 길부터 우리를 압도했다. 번화가인 신분당선 강남역에서 5분만 걸으면 도착할 만한 놀라운 접근성을 확보하고 있었기 때문이다. 테이블은 에스케이디앤디SK D&D에서 만든 소셜 아파트먼트다. 테이블로서 5년 간의 여정을 뒤로 한 채 2022년 6월부터 건물 이름이 '비엘BIEL106'으로 바뀌었다. 테이블이라는 브랜드는 '에피소드episode'로 리브랜딩되어 서초, 성수, 신촌, 강남, 수유 등에 오픈했다. 우리가 방문했을 당시의 테이블은 다른 코리빙 하우스에 비해 가격대가 높았지만, 그에 걸맞은 다양한 형태의 프리미엄 서비스를 제공하고 있었다.

들어서자마자 우리를 반긴 것은 '멤버 온리 라운지'였다. 이름에서도 알 수 있듯이 이 라운지를 사용하기 위해서는 입주 여부와는 별개로 멤버십에 가입해야 했다. 구독 경제를 주거 환경에 옮겨 놓은 듯한 모습이었다. 24시간 운영되는 무인 스낵바, 커피와 맥주, 서재와 복합기 등을 제한 없이 이용할 수 있어 1인 가구에게 매력적이었다. 거기다 플리 마켓, 매월 다양한 취향을 반영하는 커뮤니티 활동, 술, 음악, 영화 등을 즐기는 멤버십 프로그램 등 각종 소셜 이벤트가 열려 사람들과 다양한 소통의 장을 마련하고 있었다. 무엇보다 이러한 모든 이벤트들을 관리하는 커뮤니티 매니저가 따로 존재한다는 점이 독특했다. 어떤 커뮤니티 프로그램이더라도 구심점이 없이는 지속하기 어려운데 커뮤니티 매니저 덕에 모임에 활기가 더해질 것이란 생각이 들었다.

고급 멤버십 서비스는 라운지뿐만 아니라 개인 공간에서도 누릴 수 있었다. 기본적으로 방마다 세탁기, 주방, 화장실 및 샤워실이 포함되어 있어서 집의 구조는 오피스텔과 크게 다르지 않다. 방 내부에 설치된 스마트 시스템을 통해 방문자, 택배 도착 알림을 확인할 수 있으며, 전기·가스·수도 사용량도 확인할 수 있다. 거기에 바쁜 현대인들을 위한 컨시어지 서비스concierge service도 있다. 갑작스럽게 몸이 아픈데 약이 없을 때를 대비해 테이블에서는 상비약을 제공하기도 한다.

입주민은 아픈 몸을 이끌고 약국까지 가야 하는 수고를 덜 수 있다. 또 세탁이 까다로운 의류는 동네의 세탁소를 찾을 수밖에 없는데, 런드리고와 같이 세탁물을 수거 및 배달 하는 자체 컨시어지 서비스도 이용할 수 있다. 침구류 교체와 더불어 룸 클리닝도 월 2회 제공된다. 더불어 택배 대행 서비스도 이용할 수 있다.

추가 비용을 지불하고 가입하는 멤버십 서비스는 이러한 호텔급 컨시어지 서비스와 커뮤니티 프로그램 자유 이용을 포괄하는데, 동일 서비스를 밖에서 이용할 때 들어가는 비용을 고려하면 오히려 경제적 선택이 될 수도 있을 것 같았다. 물론 멤버십 서비스는 필수가 아닌 옵션이다. 이를 반영하듯 테이블은 '선택적 라이프 셰어링 하우스'로 불리기도 한다. 가격이 만만치 않지만 라이프 스타일의 지향점에 따라 다양한 옵션을 마련하는 것은 다른 코리빙 하우스에서 적용해 볼 만한 서비스라고 생각됐다.

코리빙의 장단점

코리빙 하우스가 늘어나고 있고 저마다 다양한 시도를 하고 있지만, 혼자 살게 된 사람이 선뜻 코리빙을 선택하기란 쉽지 않다. '따로'는 익숙하지만 '같이'는 불편함을 내재하기 때문이다. 다만 공용 공간을 공유한다는 불편함을 감수하면 쪼개진 방에서 사는 것 보다 한층 나은 삶의 질을 영위할 수 있다. 다섯 군데의 코리빙 하우스를 탐방한 결과, 1인 가구를 위한 좋은 서비스가 있음에도 개인의 성향과 경제적 여건에 따라 서비스 접근성의 차이가 있었다. 코리빙의 장단점은 뭘까? 한 공유 주거 트렌드 리포트[35]에 따르면 사람들이 코리빙 하우스를 선택하는 이유는 지리적 이점과 공간 활용에 있다. 장점이 될 수도 있는 커뮤니티는 오히려 코리빙의 한계를 드러낼 수 있다는 점에서 고민이 필요해 보인다.

지리적 이점

코리빙 하우스는 경쟁력 확보를 위해 주로 교통 요충지에 자리를 잡는다. 거주자에게 직장과 주거지 간의 수월한 이동은 매력적인 요소다. 국내 코리빙 하우스를 대상으로 조사한 결과, 평균적으로 지하철역에서 도보 10분 거리인 약 400미터 반경 내 위치한다. 서울 오피스텔이 역에서 평균 589미터 떨어진 곳에 위치한 것과 비교하면, 코리빙 하우스가 직주 근접에 유리하다. 직주 근접은 직장과 거주지가 가깝다는 뜻의 부동산 용어다.

시간과 공간 활용

공용 공간 형태는 말 그대로 공간을 나눠 쓰는 것을 말한다.

노동 구조의 유연화, 자유로운 출퇴근 등으로 거주자들의 마주침이 적어졌다는 점은 오히려 공간 공유를 원활하게 했다. 거주자들이 공용 공간을 사용하는 시간과 패턴에 따라 넓은 공간을 혼자 누릴 수도 있다. 주거비 한도 내에서 더 넓은 공간을 사용할 수 있게 된 것이다. 원룸이나 오피스텔 등 정해진 공간에만 머무는 것보다 경우에 따라서 훨씬 자유로울 수 있다.

커뮤니티의 한계

코리빙 하우스를 선택하는 데 있어 여전히 1인 가구의 발목을 잡는 것은 커뮤니티다. 새로 들어온 입주민의 경우 기존에 형성된 커뮤니티에 쉽게 접근하기 어려울 수 있다. 코리빙 하우스가 가진 분위기도 거주자 구성원의 성향에 영향을 받는다. 활발한 커뮤니티를 가진 코리빙 하우스가 있는 반면, 퍼스널 스페이스personal space를 존중하며 소극적 커뮤니티를 유지하는 곳도 있다. 커뮤니티가 자발적으로 형성되기도 하지만, 일정한 목적에 따라 혹은 필요에 의해서 형성되기도 한다. 하지만 무엇보다 부족한 것은 지속적으로 발생하는 일상의 어려움에 대해 입주민들 간 현실적인 정보를 나눌 수 있는 환경이었다.

소통의 어려움은 공용 공간 이용의 어려움으로 나타난

다. 공용 공간을 이용하려 해도 그 공간을 누가 이용하는지 직관적으로 파악할 수 없는 경우가 많다. 대표적으로 샤워 시설의 경우, 출근 전 아침 시간과 잠들기 전 밤 시간에 이용 밀도가 높을 수밖에 없다. 이러한 생활 패턴을 비껴가는 입주민의 경우 공간 이용에 제한이 없어 오히려 유용하지만, 일반적인 경우에는 일찍 일어나 사람이 많이 모이기 전에 씻는 등 혼잡 시간대를 일부러 피해야 하는 불편함이 따른다. 행동의 자율성이 제한되는 것이다.

사생활 노출과 안전의 문제도 있다. 보통 1인 주거 형태에서는 도움을 청할 곳이 없어 보안에 다방면 신경을 써야 하지만 코리빙의 경우 그러한 종류의 부담은 줄어든다. 다만 코리빙은 공용 공간을 입주민들과 같이 사용하는 만큼 개인의 생활 패턴이 자연스레 타인에게 노출된다. 몇 시에 출근해서 몇 시에 퇴근하는지 다른 거주자가 쉽게 파악할 수 있다. 생활 패턴이 노출되며 개인 공간이 비는 시간을 쉽게 파악할 수 있다는 점 역시 문제다. 지문 인식 등 보안 시설을 마련해 외부인의 침입은 막을 수 있지만, 건물 내부에서 일어나는 일까지 막을 순 없다.

높은 가격

보통 코리빙 하우스의 경우 보증금은 고사하고 월세만 해도

60~200만 원 선이다. 저소득 1인 가구에 큰 부담이다. 다만 반대 의견도 있다. 전술한 리포트는 단순 숫자만 비교하면 공유 주거 월세가 높아 보일 수 있으나 제공하는 서비스나 콘텐츠의 가치value, 편의성을 고려하면 경제성이 더 부각된다고 설명한다. 리포트는 코리빙 하우스가 주는 가치를 크게 하드웨어와 소프트웨어로 구분하는데, 하드웨어는 기본 옵션이 제공(퍼니시드furnished)되는 개인 특화 공간, 공용 라운지·카페·회의실 등의 커뮤니티 공간 그리고 창고·공유 키친 등 생활 공간으로 나뉜다. 소프트웨어는 룸 클리닝·보안·렌탈 등의 주거 서비스, 각종 강연이나 파티 등의 커뮤니티 콘텐츠, 의식주나 취미·건강 등을 포함하는 제휴 서비스로 나뉜다.

서울 소재 두 곳의 공유 주거가 제공하는 서비스 및 콘텐츠를 대상으로, 외부에서 해당 서비스를 이용하기 위해 필요한 가격을 계산한 결과, 주변 월세에 관련 서비스 및 콘텐츠 가격을 더할 경우 적정 가격은 약 130~140만 원대였다. 즉, 주변 어딘가에 혼자 살며 이 모든 서비스를 각각 결제할 경우 드는 총비용이라는 뜻이다. 반면 두 공유 주거의 실제 월세는 해당 가격의 90~94퍼센트였다. 리포트는 이를 근거로 공유 주거 시설 이용이 오히려 경제적임을 역설한다.

다만 이것은 코리빙 하우스의 모든 서비스를 적극적으로 이용할 때의 얘기다. 소통 등의 문제로 공용 시설을 이용하는 데 어려움이 있거나, 딱히 필요치 않은 시설에 대한 가격을 지불해야 한다면 모순이 발생한다. 청년 1인 가구로 한정해, 이들의 평균 소득을 감안하면 코리빙 하우스의 가격은 꽤 부담스러울 수 있다.

코크리에이티브 워크숍

1인 가구의 모든 문제를 코리빙 하우스가 완벽히 해결할 수는 없다. 다만 차세대 주거 솔루션으로서의 가능성에 더 집중하면 기술이 보완할 수 있는 여지가 보인다. 혼자 잘 살기 연구소는 코리빙 하우스에 대한 심리적 장벽을 허물기 위해 코리빙 하우스의 한계를 극복하고 장점을 살리는 프로젝트를 기획했다. 바로 '스피커 그리드', '프리핸션', '공간텍스트' 프로젝트다. 이를 통해 기술에 대한 실험뿐 아니라 코리빙 하우스 속 1인 가구를 다양한 각도로 조명하고자 했다.

혼자 잘 살기 연구소는 다양한 혼삶 중에서도 비자발적으로 시작되고 경제적 여유가 부족한 혼삶에 각별한 관심이 있다. 우리가 자리 잡았던 신림동도 지역 특성상 학업 혹은 취업 등의 이유로 인해 비자발적으로 혼삶이 된 1인 가구가 포진한 동네다. 다른 혼삶에 비해 애로 사항이 상당할 것으로 예상했다. IT 기술이 그 해법이 되려면 문제 지점에 대한 구체적 접근이 필요했다. 쉐어원 신림에서 코크리에이티브 워크숍co-creative workshop을 열게 된 이유다.

코크리에이티브 워크숍은 문제 해결을 위해 이해관계자들과 함께 의견을 주고받아 대안을 도출하는 방식으로 진행됐다. 쉐어원 신림에 거주 중인 여성 1인 가구와 코리빙 하우스 운영 경험이 있는 매니저, 그리고 자취 경력이 있는 혼자

코크리에이티브 워크숍 현장

잘 살기 연구소 연구원들이 모두 참여했다. 우리는 워크숍을
통해 입주민 스스로 인지하지 못하고 있던 혼삶의 어려움을
워크숍 참여자와 나누고, 기술로 해결할 수 있는 애로 사항을
포착하길 바랐다.

　입주민을 직접 만나고 이야기 듣는 것은 가치 있는 경
험이었다. 숫자와 데이터, 연구 자료를 토대로 결괏값을 접하
는 것보다 직접 대면하여 구체적 이야기를 들어야 더 적합한
솔루션을 제공할 수 있기 때문이다. 쉐어원 신림은 사회 주택
인 만큼 실제 경제적 지원이 긴요한 1인 가구가 대부분이었
다. 연결이라는 기술의 장점을 살릴 수 있도록 우리는 이들이
어떤 상황에서 외로움을 느꼈는지, 누군가 있었으면 했던 순
간은 없는지를 위주로 이야기를 나눴다.

입주민이 맞닥뜨리는 상황은 다양했다. 혼자 이사를 하는 것부터 공용 공간 사용 시 발생하는 다양한 불편함, 개인 공간에서 손이 부족해 처리하지 못하는 일들, 그뿐만 아니라 외부인 침입이나 배달 음식 수령, 수리 기사 방문 등 예상에 없던 순간 등이었다. 쉐어원 신립 이전부터 혼삶 경험이 있는 입주민들도 더러 있었는데, 여기서 경험의 차이도 포착됐다. 누군가에게 여전히 해결하기 어려운 상황이 누군가에겐 오랜 시행착오 끝에 대수롭지 않은 것이기도 했다. 갑작스레 벌레가 나오거나 조명이 망가졌을 때, 혼삶 경력에 따라 경험하는 심리적 압박이 달랐다.

입주민들이 도움을 필요로 했던 순간은 크게 두 가지로 나뉘었는데, '혼자 할 수 없어 실질적으로 타인의 도움이 필요했던 순간'과 '혼자 할 수 있지만 누군가 같이 하는 것을 희망하는 순간'이었다. 전자는 대표적으로 물리적인 도움이나 타인의 지식이 필요한 순간이다. 유리병 뚜껑이 열리지 않을 때, 도어락이 망가졌을 때, 가구 조립을 할 때 등이 대표적이다. 작고 개별적인 문제 같지만 다인 가구와 같이 다른 구성원을 상정한 삶일 때나 그렇다. 가뜩이나 학업이나 생업으로 바쁘고 해결해야 할 가사가 많은 1인 가구에게 이같이 작은 문제가 중첩되는 것은 꽤 치명적이다.

후자는 주로 타인과 함께할 때 더 쾌적하거나 감정적으

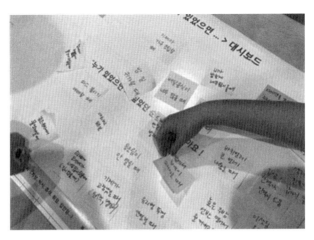

코크리티에이티브 워크숍의 대시보드

로 고양 혹은 안심되는 순간들이다. 피자나 치킨 같은 다인분 배달 음식을 시킬 때나 저녁에 집 앞을 산책하고 싶을 때 누군가와 함께하고픈 상황이 대부분이었다. 수리 기사나 부동산 중개인 등 외부인이 방문하는 상황도 혼자일 때는 괜히 더 부담스럽다. 내 편이 되어줄 누군가가 한 명이라도 더 있다면 그것만으로도 큰 심리적 위안이 된다.

레프 톨스토이는 자신의 소설《안나 카레니나》에서 "행복한 가정은 모두 엇비슷하고 불행한 가정은 제각기 다르다"라고 말한다. 다양한 어려움의 모습 앞에서 효과적으로 이를 해결하기 위해 어떤 기술이 필요한지 고민이 깊어졌다. 워크숍을 진행하고 나니 코리빙은 하나의 작은 사회 같았다. 혼삶의 자유를 누리면서도 필요한 경우 타인과 쉽게 교류하고 소통할 수 있어야 했다. 정보나 경험의 비대칭에서 오는 격차도 해소할 필요가 있었다. 아무리 혼삶이라 해도 같이 사는 것이 코리빙이기 때문이다. 소셜 미디어로는 수많은 사람과 접하지만 정작 자신의 이웃을 아는 사람이 적은 것처럼 우리는 커뮤니케이션을 되살려 보기로 했다.

스피커 그리드 ; 말로 하는 지식in

코리빙 하우스라는 특성 이전에 입주자들이 1인 가구라는 점을 상기할 필요가 있었다. 주거 공간에 대한 현실적인 문제는 코리빙 하우스라고 해서 크게 다르지 않았다. 이 때문에 고안하게 된 것이 스피커 그리드다. 입주자들이 자신의 동네에 대해 묻고 답할 수 있는 서비스로 이름은 '쉐어윈 위키'다.

코리빙 하우스에 처음 입주하는 1인 가구는 새로운 동네에 정착함과 동시에 새로운 주거 형태를 마주하는 사람들이다. 다른 1인 가구보다 더 낯설고, 질문으로 가득한 혼삶을 시작하게 된다. 특히 코리빙 하우스는 여럿이서 살아가는 공간이기에 공통적으로 숙지하고 지켜야 할 규칙도 있다. 그렇다면 과연 코리빙 하우스에서 이런 지식들은 어떻게 공유되고 있을까.

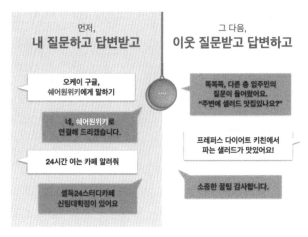

쉐어원 위키 사용 예시

　　처음 코리빙 하우스에 입성하면 JTBC 드라마 〈청춘 시
대〉처럼 퇴근 후 거실에 모여 오늘 있었던 일을 나누는 장면
을 상상하기도 한다. 그러나 현실의 코리빙 하우스에서 이를
경험하기란 쉽지 않았다. 거실, 주방 등 분명 다른 사람과 함
께할 수 있는 공용 공간이 있지만 코리빙 하우스의 구조상 이
러한 공간이 개인 공간과 멀리 위치해 있기에 개인 공간에 한
번 들어가면 공용 공간으로 잘 나오게 되지 않았다. 또한 현장
방문 당시는 코로나19로 인해 개인 간의 접촉은 더 최소화되
었을 때다. 상황이 이렇다 보니 입주민 간 소통할 수 있는 여
건이 부재했다.

코크리에이티브 워크숍에서도 생활에 도움 되는 사소한 지식과 경험을 공유하고자 하는 거주자들의 바람을 발견했던 터였다. 혼삶에서 남이 필요한 순간으로 많이 거론된 것 중 하나는 맛집, 병원, 운동 시설 등 내가 사는 곳 주변에 대해 물어볼 사람이 없을 때였다. 장소에 대한 정보뿐 아니라 요리나 청소 등 생활 전반에 대한 정보 역시 공유하고자 하는 의지가 강했다. 남과 친해지는 것이 무리 없는 사람이라면 코리빙 하우스의 커뮤니티 효과를 톡톡히 누릴 수 있겠지만 일정 거리를 유지하고 싶은 사람도 있다. 대면의 부담감은 없으면서도 서로 간의 정은 느낄 수 있는 서비스가 필요했다.

이를 위해 고안한 쉐어원 위키는 한 포털 사이트의 서비스 '지식in'에서 착안해 만들었다. 묻고 답하는 형식을 차용한 것이다. 코리빙 하우스의 이름인 '쉐어원'과 '위키백과'의 '위키'를 따서 이름을 지었다. 이용자들에게는 동네 백과사전과 같을 테니 말이다. 서비스 이름을 유쾌하고 귀여운 어감으로 지은 것은 입주민들이 말을 걸고 이용하는 데 부담이 없도록 하는 데 목적이 있다.

쉐어원 위키는 입주민들이 주도적으로 자신의 지식과 경험을 공유하면서 동시에 답할 수 있는 지식 및 경험 공유 서비스다. 여기서 지식은 주로 입주민들이 생활하면서 알게 된 생활 팁이나, 주변 정보 등을 말한다. 검색으로 찾기 어려운 경험 정보다. 처음 독립을 해서 새로운 동네에 정착하는 과정에서, 누군가를 붙잡고 이것저것 물어보고 싶던 순간이 한 번씩은 있었을 것이다. 이 건물을 기준으로 장보기 좋은 마트는 어디인지, 밤에 산책하기 좋은 공원은 어디인지, 분리수거는 어떻게 하면 되는지, 버스 정류장까지의 지름길 등 살아가는 데 꽤 유용한 정보지만 인터넷에서는 쉽게 찾아보기 어려운 현실적 물음들이다. 로컬 커뮤니티를 타겟팅한 소셜 미디어 등 플랫폼도 있지만 자신이 거주하는 장소에 꼭 들어맞는 정보가 늘 나오는 것은 아니다.

따라서 쉐어원 위키는 코리빙 하우스에 살면서 지켜야 할 규칙이나 알아야 할 정보 혹은 동네에 관련된 정보나 조언 등 다양한 정보를 제공할 수 있어야 했다. 이를 위해 우리가 수집해야 할 정보를 1인 가구 생활 팁, 쉐어원 신림점의 건물 정보 팁, 신림동 지역의 정보 팁, 이렇게 세 가지로 분류했다. 혼삶 중에 생기는 일상적인 물음들, 거주 공간의 규칙, 거주 지역의 특징을 친근하게 설명해 주는 것이 목적이었다.

원활한 지식 공유 수단으로 스마트 스피커를 활용했다. 정보의 친절한 배달부 역할을 하길 바랐다. 코리빙 하우스의 개인 공간에 하나씩 스마트 스피커를 비치해 언제든 궁금한 것이 생기면 일상 속에서 자연스럽게 물어볼 수 있게 설계했다. 실제로 입주민과 대화를 주고받는 듯한 친근한 느낌에도 중점을 뒀다. 예컨대 아파트 인터폰을 통한 대화보다는, 엘리베이터에서 나누는 이웃 간의 대화이길 바랐다. 텍스트가 아닌 스피커를 선택한 이유다. 얼굴 한 번 안 본 사람들이 제공하는 정보가 아니라 실제 같은 공간에서 생활하며 마주치는 사람들에게서 나오는 정보라 이웃의 정을 느끼기도 쉽고 지식과 경험에 대한 신뢰도 생길 것이었다.

쉐어원 위키를 구동할 하드웨어로는 '구글 네스트Google Nest'를 선택했다. 구글 네스트는 구글에서 제작한 스마트 스피커로 "오케이 구글"이라는 문장을 외치면 스피커가 활성화된다. 그 후에는 "날씨가 어때?", "음악 틀어줘", "대한민국 맛집 알려줘", "엄마한테 전화 걸어줘" 등 다양한 질문과 명령어를 수행한다. 우리는 구글 네스트에 "오케이 구글, 쉐어원 위키에게 말하기"를 외치면, 다양한 질문에 대한 대답을 해주게끔 서비스를 디자인하고 실제 배포하며 입주민들의 반응을 관찰했다.

쉐어원 위키는 질문과 답변을 연결함으로써 정보의 축적을 의도했다. 실제 대화는 다음과 같이 이루어진다. 만약 입주민 A가 "주변 슈퍼 중 어디가 싼지 알려줘"라고 물어보면 다른 입주민 B가 기존에 응답했던 답변이 전달된다. "쉐어원 주변 슈퍼 중 OO슈퍼에 저렴한 물품들이 많이 있어요."라는 입주민 B의 답변을 입주민 A가 듣고 나면, 이번엔 반대로 다른 입주민 C로부터 수집된 질문인 "주변 맛집 정보가 궁금해요"에 대해 답변을 하게 된다. "음… 이 주변에는 OO분식이 제일 맛있었던 것 같아요"라고 입주민 A가 대답하면 입주민 C에게 다시 해당 질문이 전달된다. 이렇게 스마트 스피커를 통해 입주민들끼리 질문과 대답을 주고받으며 서로의 지식을 손쉽게 공유할 수 있는 요긴한 지식 및 경험 공유 서비스가 완성됐다.

이웃감의 재발견

실제로 쉐어원 위키를 입주민에게 배포하면서 서비스의 한계도 많이 느꼈다. 일단 스마트 스피커를 사용해본 입주민이 적어 온보딩을 위한 가이드북 등을 수반해야 했다. 또한 개인실에 스마트 스피커를 비치해 질문을 공유하고 답변해 주는 시나리오로 계획되었기에, 개인실이 아닌 외부에서는 사용하기 어려웠다. 생각지도 못한 장벽도 있었는데 바로 층간 소음 문제다. 입주민들은 소음 걱정으로 스마트 스피커와 대화하는 것에 소극적이었다. 일반 가정집이었다면 좀 더 자유롭게 "헤이, 구글"을 외치며 스마트 스피커와 대화할 수 있었을 테지만, 이곳은 익명의 다수가 거주하는 코리빙 하우스다. 다수의 입주민이 거주하는 작은 개인실이 다닥다닥 붙어 있다 보니 더 조심하고 배려해야 하는 분위기였고 스마트 스피커를 이용하기엔 제법 눈치가 보이는 환경이었다. 코리빙 하우스의 현실적인 한계를 고려하면 스마트 스피커의 보이스 서비스보다 모바일 텍스트 서비스로 구현하는 방안이 더 낫겠다 싶기도 했다. 개인실 이외에 샤워실이나 리빙룸 등의 공용 공간을 이용하는 순간에도 스마트폰을 통해 지식을 공유하고 질문에 답변함으로써, 더 편리하게 이용 가능할 것이다.

그럼에도 여전히 직접 말로 하는 대화의 힘은 컸다. 친근함에 중점을 둔 쉐어원 위키의 발화 패턴이 입주민에게 그동안 느껴본 적 없는 '이웃감'을 선사해 준 것이다. 그동안 옆방 입주민과 한 번도 대화를 나눈 적 없는 한 입주민은 "쉐어원 위키를 사용하며 공동체적 친밀감을 느꼈다"고 했다. 생각지 못한 곳에서 마주한 새로운 수확이었다. 정보 격차 해소에서 시작한 프로젝트였지만 기술이 지식을 전달하는 배달원뿐아니라 벽 너머에 있는 사람들을 서로 연결하는 통로 역할을 했다는 점에서 의미 있었다.

입주민들은 또 "블로그나 SNS에 있는 광고 섞인 정보들은 신뢰도가 떨어지는데 같은 공간을 공유하는 입주민들로부터 정보를 얻으니 더욱 믿음이 갔다"고 말해 줬는데 이 역시 중요한 시사점을 던진다. 정보 과잉 시대에 정보 선별의 가치도 크지만 정보를 주고받는 대상과의 관계성 역시 중요하다는 점이다. 꼭 전문적이지 않더라도 관계성에 기반한 경험 정보는 가치가 크고 상호 신뢰의 기반이 될 수 있다는 점을 깨닫는 계기였다. 1인 가구 증가로 대두되는 사회적 고립과 단절 문제에 있어, 이러한 경험 정보를 콘텐츠 삼아 기술로 개인과 개인을 연결할 수 있지 않을까 부푼 기대를 안았다.

프리핸션 ; 공용 공간 알리미

'프리핸션 프로젝트'는 공용 공간 활용도를 높이기 위해 고안했다. 프리핸션prehension은 공간의 혼잡도, 공간의 가용 여부를 알려 주는 기술이다. 실제 코리빙 하우스에서 비슷한 기술들을 사용 중이기도 하다. 주거 환경의 변화에 있어 앞으로 꼭 필요한 기술임을 확신했다. 공용 공간은 개인의 활동 반경을 넓히는 코리빙 하우스의 정체성이다. 원룸에 사는 1인 가구들과 가장 차별화되는 지점이라 할 수 있다. 공용 거실, 주방, 헬스장, 시네마 룸, 옥상 정원 등 적은 비용으로 다양한 공용 공간을 이용할 수 있다는 점은 매력적이지만 실제로는 어떨까?

예상과 달리 코리빙 하우스의 공용 공간은 활발히 이용되고 있지 않았다. 코리빙 하우스마다 유용한 공용 공간들이 있는데 왜 입주민들은 개인 공간에서 나오지 않는 것일까? 일단 입주민마다 코리빙 하우스에 들어오는 이유가 다르다. 타인과의 소통, 커뮤니티 형성을 위해 입주하는 사람이 있는 반면, 경제적 여건이나 지리적 이점 등 다른 이유로 들어온 입주민은 타인과의 만남이나 마주침을 꺼릴 수도 있다. 이런 유형의 입주민은 불필요한 마주침이 있는 공용 공간보다 혼자 있을 수 있는 개인 공간을 선호할 것이다. 반대로 다른 입주민이 공용 공간을 사용하고 있다면 혹여나 방해가 될까 개인 공간으로 돌아오는 경우도 있을 수 있다.

이런 문제는 기존의 다인 가구 생활에서는 크게 부각되지 않는다. 한집에 살며 서로의 생활 패턴을 자연스럽게 체화하기 때문이다. 아침 일찍 출근하는 어머니가 화장실을 이용하는 동안, 아버지는 부엌에서 아침 식사를 해결한다. 부모님의 아침 출근이 끝나면 아이들이 일어나 화장실을 번갈아 사용하며 등교 준비를 한다. 서로의 생활 패턴에 따라 공간 이용 계획을 세워 제약을 최소화할 수 있다.

하지만 코리빙 하우스는 익명의 다수 입주민과 공용 공간을 나눠야 하기에 자신만의 계획을 만들기 어렵다. 친밀한 관계를 형성하고 있지 않아 서로의 생활 패턴을 공유하고 조율할 수 없기 때문이다. 모든 입주민의 생활 패턴을 자연스럽게 파악하기란 불가능에 가깝다. 결국 눈치에 의존해야 하는 인지적 노고가 따른다. 이는 결국 공용 공간 이용을 포기하고 개인 공간에 머무르는 결과를 낳는다. 다양한 공용 공간을 이용할 수 있다는 점을 내세워 고시원, 원룸의 대안으로 등장한 코리빙 하우스인데, 장점이 제대로 활용되지 못하는 상황이었다.

코리빙 하우스의 다양한 문제는 주로 소통 부재에 기인한다. 이 경우도 마찬가지다. 직접 가서 확인하지 않는 한, 벽너머 공용 공간의 가용 여부를 가늠하기 어렵다. 대부분 코리빙 하우스의 공용 공간이 각기 다른 층에 분산되어 있다는 점도 영향을 끼친다. 이런 불편을 해결하기 위해 직접 가지 않고 내 방 안에서 공용 공간 가용 여부를 확인할 수 있는 기술이 필요했다. 공용 공간 알리미의 역할을 해줄 기술의 이름은 프리핸션이 됐다.

프리핸션은 '잡다', '포착하다'라는 뜻이다. 단어가 의미하는 바와 같이 공간의 상태를 '포착'하기 위한 프로젝트를 구상했다. 이 서비스는 모션 센서나 카메라 같은 공간 센서에 의지하던 기존 방법과 달리, 공용 공간의 혼잡도를 파악할 수 있도록 새로 개발한 센서를 활용했다. 프라이버시가 중요한 거주 공간에서 이미지나 비디오로 기록하는 카메라 센서를 사용할 수 없었기 때문이다. 카메라를 제외하고 레이더, 음향 센서 등과 머신러닝 기법을 결합해 공간의 혼잡도를 측정했다.

공용 공간의 혼잡도를 입주민에게 직관적으로 전달할 방법도 중요했다. 센서뿐 아니라 인터페이스도 신중히 설계

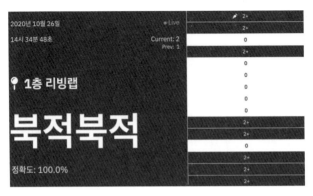

공용 공간에서 사용자가 직접 밀집도를 확인할 수 있도록 프리핸션
프로젝트에서 개발한 프로토타입

해야 했다. 공용 공간의 혼잡도를 정확한 수치로 나타낼지 혹
은 제3의 방법으로 표현할지 고민했다. 코리빙 하우스와 공
용 공간마다 크기와 목적이 다르기 때문에 해당 공간에 적합
한 인원도 천차만별일 것이다. 따라서 정확한 수치를 전달하
기보다 해당 공간이 얼마나 붐비는지 혹은 한산한지를 시각
적인 정보로 환산해 제공함으로써 입주민의 망설임을 줄이고
자 했다.

　　또 물리적으로 곳곳에 흩어진 공용 공간의 존재를 자칫
잊어버리거나 개인 공간만이 자신에게 허락된 면적으로 생각
하는 것을 방지하기 위해 유저 인터페이스UI에도 변화를 줬
다. 공용 공간 중심 UI를 개인 공간을 중심으로 재배치했다.

'내 위치'를 중심으로 뻗어 나가는 공간감을 느낄 수 있도록 한 것이다.

다만 당시에는 아쉽게도 프라이버시 문제가 결국 해결되지 않아 프리핸션 서비스를 실제 코리빙 하우스에 적용하진 못했다. 그 후 몇몇 코리빙 하우스에서 이와 비슷한 서비스가 등장하기 시작했다. 헬스장이나 스터디룸 등의 가용 여부를 확인하고 예약할 수 있는 코리빙 하우스 입주민 전용 모바일 앱 같은 형태였다. 하지만 이 역시 다양한 센서를 통해 종합적으로 공용 공간의 혼잡도를 전달하는 고차원의 서비스는 아니다.

주목할 것은 코리빙 하우스가 비단 멋지고 다양한 공용 공간을 제시하고 홍보하는 것을 넘어 이용 시 발생하는 불편과 입주민의 현실적인 니즈needs를 주시한다는 점이다. 이와 관련한 다양한 해법이 등장할 것이지만 우리가 겪은 입주민의 프라이버시 문제는 합의와 설득을 통해 넘어야 할 과제다. 향후 예약 여부나 인원수 외에도 공간의 소음이나 움직임 등을 데이터로 활용하는 서비스가 등장할 것으로 예상된다.

코리빙 하우스는 여전히 1인 가구의 문제 해결을 위한 유력한 대안이다. 늘어나는 1인 가구에 맞춰 다양한 코리빙 하우스가 등장하는 것이 그 방증이다. 다만 공유 주거라는 개념과 문화의 확산은 주거 공급보다 더디다. 이와 같은 문화가 확산하지 않은 상태에서 공용 공간에 대한 심리적 장벽을 낮추기 위해서 기술은 그 어느 것보다 빠른 대안이 될 수 있을 것이다. 실제로 최근 공유 주거는 '주거 공간'이 아닌 '주거 경험'을 판매하는 방향으로 선회하고 있다. 판교에 521세대 규모로 문을 연 '디어스 판교'가 대표적이다. 서비스 플랫폼 연동을 통해 공간의 사용 빈도 및 서비스·커뮤니티 후기를 실시간 분석하고 이용률이 낮은 공간이나 서비스에 대해서는 개선 및 용도 변경을 진행한다. 이를 통해 1년여 만에 운영률 90퍼센트를 달성했다고 하니 기술이 문화를 선도한 사례라 하겠다.

공간텍스트의 재발견

프리핸션의 배경이 되는 근본적 문제 의식은 입주민 간의 커뮤니케이션 부족이었다. 그렇다면 코리빙은 실패한 주거 개념일까? 쉐어원 위키에서 발견한 해법은 '이웃감'이었다. 요컨대 코리빙이 지나치게 갑작스러운 개념이라기보다 사회 기저의 소통 단절이 공유 주거 경험에도 영향을 미치는 것이라 볼 수 있다. 오래 지속된 사회적 거리 두기 이전에도 개인주의는 확산하고 있었고 고립의 시대는 이미 도래해 있었다.

　"도시의 분주함과 부산함, 소음, 끝없이 쏟아지는 시각 자극에 압도된 도시인은 이미 코로나 바이러스 감염증 이전에도 심리적으로는 사실상 사회적 거리 두기의 성향을 보였다. 우리는 헤드폰으로 귀를 덮고 선글라스를 쓰고 휴대 전화를 보며 고립 상태에 파묻히는 방식으로 자기 자신만의 개인적인 보호막을 치고 길을 걷는다. …… 아이러니한 것은 현실 세계에서는 주변 사람에게 관심을 닫으면서 가상 세계에서는 화면을 두드리고 스크롤을 쓸어내리며 인스타그램 사진과 트위터 글을 훑는다는 사실이다." - 노리나 허츠(Noreena Hertz), 《고립의 시대》중.[36]

2021년 한국에 출간된 영국의 유명 경제학자 노리나 허츠의 책《고립의 시대》는 개인의 문제였던 고립감을 사회적 문제로 진단한 수작이다. 이 책에서는 한국의 '먹방'에 대한 언급도 나오는데, 막상 혼밥을 즐기면서도 외로움을 달래기 위해 먹방을 본다는 식의 진단을 내린다. 물론 콘텐츠화돼 버린 먹방을 꼭 밥을 먹으며 외로움 때문에 보는 것은 아니겠지만 중요한 시사점이 있다. 현대인들, 특히 주로 젊은 층은 모르는 사람과의 부자연스러운 친교보다는 온라인상의 느슨한 연대를 훨씬 선호한다는 점이다. 혼밥, 혼영 등의 라이프스타일은 보편적인 것이 됐고 마주침은 점점 줄어든다. 그럼에도 필연적으로 발생하는 타인과의 접점에서 사람들은 어떤 반응을 보이고 있을까?

> "지하철, 빨래방, 도서관, 심지어 화장실에서도 우리는 끊임
> 없이, 그리고 말없이 낯선 타인과 교섭하고 있다. 시선을 조심
> 하고, 정중한 미소를 지으며, 무의식적으로 옆으로 물러서면
> 서." - 미국의 사회 심리학자 어빙 고프먼(Erving Goffman)

낯설기에 사람들은 의도적으로 서로에게 무관심하다. 좁은 지하철 안에서 우리는 서로의 사적인 영역을 침범하지 않기 위해 서로의 삶을 애써 외면하고자 한다. 의도적인 무관심inattention은 공동체 삶을 위한 교양적 무관심civil inattention이기에 선택이 아닌 필수 에티켓etiquette이다. 서로가 암묵적으로 그어 놓은 선을 넘지 않고 거리감을 유지하는 것은 나고 자라면서 자연스럽게 몸에 밴 불문율이 되었다. 이처럼 모든 단절이 나쁜 것은 아니다. 다만 느슨한 연대를 위해 한 발짝 걸음을 떼는 일, 먼저 가볍게라도 손을 내미는 일은 쉬운 일이 아니다. 친밀함과 불쾌함이 종이 한 장 차이인 시대이기 때문이다.

주거 공간을 공유하는 코리빙 하우스도 같은 문제를 겪고 있다. 지하철과 다른 점은 코리빙의 입주민들은 잠시간의 이동을 함께하는 게 아니라 주거의 일정 부분을 함께하고 있다는 점이다. 내적 친밀감이나 불쾌감을 쉽게 가질 수 있는 환

경이다. 예를 들어 누군가는 주방을 사용하면 환기를 하는 것이 당연하다고 여기지만, 냄새에 예민하지 않은 사람은 이를 그저 과민 반응으로 여길 수도 있다. 누군가는 공용 공간에서 약간의 과음을 해도 좋다고 생각할 수 있지만 누군가는 이를 굉장히 민폐로 여길 수 있다.

그럼에도 코리빙에서는 서로에게 애써 무관심한 채 바쁘게 살아가는 모습이 쉽게 연출된다. 문제는 갈등 상황과 같이 서로의 도움 내지는 이해가 필요한 순간조차 교양적 무관심이 발휘된다는 점이다. 마음 안에 쌓인 불편함은 입주민 간 소통의 단절을 가속한다. 현실이 이렇다 보니 아무리 다양한 커뮤니티 프로그램을 동원하더라도 끈끈한 연대를 지닌 공동체를 만들기 어렵다. 공동체란 서로 시간을 들여 생각과 활동을 공유해야 하는데, 도시의 1인 가구는 그럴 시간도 심적 여유도 없기 때문이다. 끈끈한 유대감은 혼삶이 주는 자유의 레토릭과도 괴리가 있다.

이에 대한 솔루션으로 코리빙 하우스 입주민들은 카카오톡과 같은 MIM(Mobile Instant Messanger) 서비스와 더불어 공간 텍스트를 활용한다. 공간 텍스트는 코리빙 하우스의 특성을 고려해 어느 정도의 거리감을 유지하며 생활 속 갈등을 해결하기 위해 등장한 솔루션이다. 규칙을 만들기 위해서는 소통이 필수적이지만 공간 텍스트를 이용하면 대면하지 않고

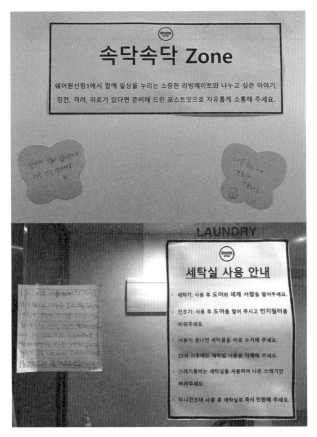

코리빙 하우스에서 사용된 공간 텍스트

도 생활 속 다양한 규칙을 만들 수 있다. 건축 환경에서 공간

텍스트(EGD · Environment or Experiential Graphic Design)란 정

보의 그래픽 커뮤니케이션이다.[37] 이름은 낯설지만 일상 속에서 쉽게 찾아볼 수 있다. 지하철 바닥에 쓰인 '우측 통행', 화장실 벽에 붙은 '화장지를 변기에 버리지 마시오' 등의 문구다. 사회 구성원이 공유하는 암묵적인 규칙들은 곳곳에서 종이 인쇄물 형태로 자리를 지켜 왔다. 구성원 간 스킨십이 많고 잦게 발생하는 곳일수록 공간 텍스트가 발휘하는 힘은 세다.

코리빙 하우스 역시 다수가 공유하는 공간이지만 공공장소와 구별되는 특징이 있다. 공적 영역인 공공장소와 달리 코리빙 하우스는 공적 영역과 사적 영역의 의미가 혼재해 있다. 집은 개인의 생활 습관이 고스란히 드러나는 곳이다. 누군가에겐 오롯이 하루를 보내는 곳이기도 하며 누군가에겐 피곤한 일과를 마치고 휴식을 취하는 곳이다. 입주자가 내는 월 사용료에는 공용 공간의 사용도 포함되는데 이 공간은 입주자들에게 사적 영역이기도, 공적 영역이기도 하다. 에티켓만 강조할 수도, 각자의 편의만을 강조할 수도 없다.

코리빙 하우스는 일종의 1인 가구 '샐러드 볼salad bowl'이다. 각기 다른 사정을 가지고 입주한 사람들은 다양한 생활 습관과 가치관을 가지고 있다. 때문에 코리빙 하우스 내에서 발생하는 갈등은 미묘하고도 복잡하다. 긴밀하게 얽히고설킨 이해관계를 건드리지 않으면서 각자의 요구를 정확하게 관철하기란 결코 쉽지 않다. 이에 갈등을 유연하게 해결하고, 시시

각각 생기는 요구 사항을 가시화하는 매체가 필요하다. 코리빙 하우스들을 조사해 보니 공간 텍스트가 이 역할을 담당하고 있었다. 먼저 공간 텍스트가 활용되는 방식을 확인하기 위해 현장 답사와 인터뷰를 진행하기로 했다. 다양한 코리빙 하우스의 공용 공간을 탐방하며 어떤 규칙들이 오가는지 살펴보고 현장 답사로 파악하기 어려운 부분은 입주민 인터뷰를 통해 해결했다.

코리빙 하우스에서 활용되는 공간 텍스트의 유형과 목적은 다양했다. 먼저 목적은 크게 세 가지로 나눌 수 있었다. 정보 전달, 규칙 주지, 공간 분위기 조성이 그것이다. 우리가 수집한 공간 텍스트를 분류에 따라 소개하자면 다음과 같다. 먼저 "모두가 함께 사용하는 세탁실입니다", "영양 가득 스무디를 만들 수 있는 진공 블렌더입니다" 등은 정보 전달에 해당한다. 규칙 주지는 주로 입주민에게 특정 행동을 요청하거나 제지하는 양식을 가졌다. 예컨대 "TV 프로그램 유료 결제는 하지 말아 주세요", "이용 후 다른 사람을 위해 뒷정리를 부탁드립니다" 등이다. 공간 분위기 조성을 위한 공간 텍스트는 "나의 일상이 바뀌고 지역이 즐거워지는 공간", "오늘은 다른 리빙 메이트와 직접 만든 음식을 나눠 보시는 것은 어떨까요?" 등이다. 인쇄물 형태의 공간 텍스트가 지니는 한계도 목격했다. 공간 텍스트가 많이 붙어 있으면 오히려 입주민들이 공간 텍스트를 간과하기 쉬웠다. 또 한 인쇄물의 글자 수가 많으면 가독성이 떨어져 역시나 입주민의 주목을 받기 어려웠다.

입주민 인터뷰에서는 코리빙 하우스 내 규칙의 근본적인 문제를 엿볼 수 있었다. 공간 텍스트를 통해 공유되는 규칙은 시시각각 변하는 입주민의 요구 사항을 적절히 반영하지 못하고 있었다. 이는 대부분 관리자가 배포한 것이었다. 공공장소의 공간 텍스트처럼 공식적인 규칙이라 볼 수 있다. 그러다 보니 입주민의 현실적인 요구를 담지 못했고 단발성에 그치는 것도 많았다. 반면 입주민이 주도해서 생활 속 불편을 설명하고 규칙 수정을 건의하는 공간 텍스트가 등장하기도 했다. 소셜 미디어의 단체 채팅방을 통해 새로운 규칙을 건의하는 입주민도 있었으나 익명의 제안으로 남아 합의를 이루지 못하는 경우가 많았다. 익명이라는 장점을 발판 삼아 자유롭게 의견을 개진할 수 있을 거라 기대했지만, 오히려 익명이라는 방패 뒤에 숨어 소극적인 태도를 취하게 되었다. 익명의 의견들이 수시로 건의되고 동시에 사라지는 것이 반복되다 보니, 입주민의 메시지가 금세 휘발되는 단점도 있었다.

무엇보다 코리빙 하우스에 거주하는 1인 가구는 규칙을 건의하고 갈등에서 합의를 이루는 데 있어 소극적인 경향이 있었다. 공용 공간에서 일어나는 모든 문제를 다 논의할 수는 없기 때문이다. 예컨대 행주를 쓰고 걸어 두는 건 위생상 중요한 규칙이지만, 누군가에겐 큰 문제가 아닐 수 있다. 때문에 입주자들은 암묵적인 규칙에 의존하고 있었다. 인터뷰에 참여한 입주민은 "암묵적인 룰이 있어요. 휴지 같은 건 마지막으로 쓴 사람이 채우는 거죠."라고 말했다. 눈치를 통해 암묵적인 규칙을 준수한다는 것이다. 다만 눈치와 암묵적인 규칙에 의존하면 인지적 노고가 많이 들 수밖에 없다.

공간 텍스트는 갈등을 중재하기 위한 여러 대안적 기술 중 하나지만 의견의 발화 주체와 수렴, 구성 방식에 있어 더 많은 고민이 필요하겠다는 생각이 들었다. 공공장소의 공간 텍스트는 보통 갈등을 사전에 예방하기 위한 것이고 많은 경우 포괄적 규칙이지만 거주 공간의 갈등은 실시간으로 발생하고 갈등의 형태도 좁고 구체적이다. 꼭 코리빙 하우스가 아니더라도 인구가 도시로 밀집되며 주거 공간을 둘러싼 갈등은 첨예해지고 있다. 아파트, 오피스텔 등의 대규모 공동 주거 시설에서 다양한 거주민의 갈등을 중재할 방안이 필요하지만 아직 많은 경우 관리자에 의지하는 등 간접적 방식을 사용하고 있다. 이로 인해 세세한 부분에서는 규칙의 암묵화가 일어난다. 층간 소음 문제를 떠올려 보자. 직접 찾아가서 따지는 경우도 있지만 보통 관리실에 연락을 취하거나 문 앞에 메모를 붙이고 오는 방식으로 불만을 전달한다.

건물을 공유하는 아파트, 오피스텔과 달리 코리빙 하우스는 생활과 닿아 있는 공간을 공유한다. 모든 생활 밀착형 문제를 관리자를 통해 해결할 수 없기에 기술적 고민이 수반되어야 한다. 앞선 두 프로젝트는 기술이 소통의 과정을 대신했다. 소통은 관계를 만들고 갈등을 해결하는 열쇠다. 입주민이라면 누구나 자유롭게 규칙을 제안하고 수정할 수 있는 대화의 장이 있다면 어떨까?

주거 공간은 아니지만 다수의 사람들이 이용하는 공공장소인 도서관을 대상으로 비슷한 시도를 했던 사례가 있다. 호주 퀸즐랜드공과대학에서 도시 정보학 및 HCI를 연구하는 마크 빌란직Mark Bilandzic 교수는 '젤라틴Gelatine'이라는 인터랙티브 스크린Interactive Screen을 제작해 도서관에서 실험을 진행했다.[38] 이용객들 간의 커뮤니케이션을 시각화하는 제품이다. 도서관 이용객들이 어떤 관심사를 가진 사람들이 도서관을 이용하는지, 현재 겪고 있는 학문·교육적 어려움은 무엇인지 등을 파악할 수 있게 디자인했다. 실제로, 젤라틴을 이용한 사람들은 도서관 이용자들 간의 암묵적 분위기를 더 잘 느낄 수 있었다고 한다. 우연한 만남을 통해서 서로가 관심 있는 분야에 대한 대화도 가능했다. 젤라틴은 서로 목적이 있는on demand 우연적serendipitious 만남이 형성되기 좋은 매개체로 밝혀졌다. 스크린을 통해서 같은 공공장소를 이용하는 사람들에 대해

인지하고 그들이 무엇을 원하는지 파악하는 것만으로도, 커 뮤니티의 분위기와 정체성을 더 잘 느끼며 녹아들기 수월 하다.

코리빙 하우스에도 입주민이라면 누구나 자유롭게 규 칙을 제안하고 수정할 수 있는 대화의 장이 있다면 어떨까? 의견을 나눌 수 있는 입주민 전용 커뮤니케이션 애플리케이 션과 더불어 오고 가며 눈으로 확인할 수 있는 스마트 월smart wall이 함께 생긴다면 더 효과적일 것이다. 단순히 스마트폰을 통한 애플리케이션은 적극적으로 참여하는 입주민에게는 요 긴하지만, 소극적인 입주민에게는 그마저도 큰 노력을 들여 야 할 것이다. 실시간으로 애플리케이션을 통해 남겨진 의견 을 확인할 수 있는 디스플레이가 있다면 암묵지로 해결하던 규칙마저도 가시화되며 좀 더 많은 입주민에게 퍼져 나갈 수 있지 않을까. 그렇다면 입주민들 마음에 쌓인 불편함도 한층 해소됨과 더불어 입주민 간의 심리적 거리도 가까워질 수 있 으리라 상상해 본다.

에필로그

기술을 통한
새로운 관계 맺기

혼자 잘 살기 연구소가 어느새 2년 차가 됐다. "1인 가구에 근원적인 관심을"이라는 기치는 변하지 않았다. 1인 가구의 목소리를 지키기 위해 2년째 깃발을 들고 있다. 활동에는 변화가 생겼다. '1인 가구'라는 키워드를 검색하면 리빙랩이 나오게 됐는지 외부 활동이 생겨나고 다양한 행사에 초청됐다.

지자체의 정책 모임, 사회단체의 콘퍼런스, 건축가 세미나, 학술 모임 등 1인 가구와 관련한 활동은 많았다. 이런 모임의 주최 측은 주로 공직 사회다. 1인 가구 관련 공공기관 혹은 지자체의 대책반에서 가장 먼저 연락이 온다. 하지만 막상 행사에서 만나는 사람들에게 1인 가구의 현실을 듣기는 어려웠다. 발표자들은 주로 청년 단체, 여성 단체 등에 속한 주거 활동가 그리고 연구자들이었기 때문이다. 그래도 이러한 행사로 1인 가구에 대한 이해가 깊어졌고 생각의 범위도 확대됐다. 1인 가구의 문제를 청년 중심으로 바라봤던 1년 차와 달리 중·장년과 노년층 1인 가구의 문제도 눈에 들어왔다. 고독사, 웰다잉well-dying 등의 개념 말이다.

이런 행사에 다녀오면 늘 비슷한 인상이 남곤 한다. 통계와 분석은 어느 때보다 넘쳐나고 지원 정책도 늘어나는데 왜 1인 가구의 삶은 여전히 팍팍할까? 분석가와 정책 수립자, 수혜자 간의 문제 인식 차이가 존재하기 때문이다. 1인 가구 증가가 사회적 문제가 된 지는 그리 오래되지 않았다. 게다가 해결 과정에서 사회 문제가 계속해서 변하기도 한다. 정책이 만들어지는 동안 1인 가구 문제 역시 변했다.

지나치게 대중적이고 범주적인 접근의 한계다. 각 가구가 마주한 어려움은 무엇인지, 유형별로 빈발하는 문제가 무엇인지를 정책이 충분히 조명하지 못하는 것이다. 1인 가구는 특히나 개별성에 대한 존중이 필요하다. '케이스 바이 케이스Case by Case'적인 접근이 필요하다. 여느 탈근대적 문제들처럼 하나의 유니버설 솔루션으로 해결되지 않는다. 청년, 중·장년, 노인 혹은 소득 분위 등의 기존 범주는 유동적이고 다면적인 개인에게 적용하기에 실효성이 떨어진다. 1인 가구를 위한 대책은 그 단위에 맞춰 개인화돼야 한다.

2021년 7월 1일 2차 추경 의결된 재난 지원금은 '소득 하위 80퍼센트'를 기준으로 지급됐다. 지급 범주에 있어 얼마나 많은 사회적 혼란이 있었나. 정책가들은 여성, 청년, 소득 등 기존 복지 문법을 활용하고 있다. 이는 정치적 효과가 클지 몰라도 실효성은 떨어진다. 세금은 범주보다 데이터를 기반으로 추징한다. 따라서 재분배, 즉 복지에 있어서도 데이터 기반 정책을 펼쳐야 개인화·상형화狀況化가 가능하다. 1인 가구에 대한 행동 데이터 확보와 분석이 필요한 이유다.

정책이 해결하지 못한 문제를 기술을 통해 돌아보며 새로이 얻게 된 깨달음도 있다. 1인 가구의 많은 문제는 관계 부재에서 발생했다. 스피커 그리드, 프리핸션, 공간텍스트, 총 세 개의 프로젝트를 진행하며 '기계가 관계를 대신할 수 있는 가?'라는 질문을 던졌다. 리빙랩을 2년간 운영하며 얻은 답은 '그렇다'이다. 새로운 개인들이 연결되기 위해서는 관계 기계 relationship machine가 있어야 한다. 개인의 파편화가 만연한 시대에 맞는 새로운 '관계 맺기' 방식이 필요하다. 인간이 직접 대면하며 관계와 규칙을 만들고 합의를 이루는 과정은 번잡하고 비용이 들며, 종종 실패하기도 한다. 기계의 객관성 또는 중립성이 새로운 '관계 맺기'에 도움이 될 것이다. 물론 기계가 관계 자체를 대신하는 것은 아니다. 사람 간의 관계를 맺기 위한 단초를 제공하고 편리함을 제공하는 것이다. 우리는 이미 관계 기계에 익숙하다. 소셜 미디어 서비스는 1세대 관계 기계다. 이를 활용해 모임과 규칙을 만들며 관계를 지속하고 있지 않은가. 더욱 발전한 관계 기계들이 등장할 것이다.

주거 형태는 개인화돼도 관계의 가치는 변하지 않는다. 관계는 삶의 중요한 동력이다. 관계가 사라진 삶은 목적지 없는 여행과 같다. 사회 전체가 1인 가구화되는 시점에 관계는 더 중요해질지 모른다. 다만 '주어진 관계'가 아닌 '발견하는 관계'에 주목해야 한다. 가족, 친구, 직장 동료와 같은 전통적 관계를 넘어 취미, 취향, 여가로 만난 개인들 간의 새로운 관계 말이다. 더 이상 개인은 사회의 일부가 아니다. 독자적 체계를 가진 소우주이다. 우리는 살아가는 과정에서 다양한 소우주들을 접한다. 관계는 여기서 발생한다. 삶의 동력이 되는 창조적 관계를 갈망하는 개인들에게 기술은 더 많은 가능성을 제공하게 될 것이다.

주

1 _ 조화진 외 3인, 〈사회적 유대감과 SNS 중독 경향성의 관계: 주관적 안녕감과 자기통제의 매개효과〉, 《인간발달연구》, 25(4), 2018, 257-277쪽.

2 _ 행정안전부 〈주민등록 인구 기타현황〉의 계산법(1인세대 ÷ 전체세대 × 100)을 참고했다.

3 _ Eurostat, 〈Distribution of households by household size - EU-SILC survey〉, 2020.

4 _ 통계청의 〈인구총조사〉다. 앞선 행안부의 수치와 다르다. 조사 기관에 따라 차이가 나는 이유는 유학생 등 해외 체류자와 국내 거주 외국인 등에 대한 집계 방식이 다르기 때문이다. 다만 2008년 이전의 행안부 주민등록인구 자료가 존재하지 않기 때문에, 1인 가구화의 긴 흐름을 보기 위해 통계청의 자료를 사용했다.

5 _ 황두영, 〈정부는 '가족 다양성 포용' 발표했지만, 여전히 높은 국회 문턱〉, 《시사IN》, 2021.05.18.

6 _ '임시로 하는 일'이라는 뜻의 긱(gig)과 '경제'를 뜻하는 이코노미(economy)의 합성어로, 필요에 따라 일을 맡기고 구하는 경제 형태를 의미한다. 대표적인 예시로 단기 아르바이트, 비정규직 프리랜서 등이 있다.
네이버 오픈사전

7 _ 조해언, 〈젊은 플랫폼 노동자의 초상〉, 《인문잡지 한편 5 - 일》, 5 민음사, 2021.

8 _ 변미리, 〈도시에서 혼자 사는 것의 의미:1인 가구 현황 및 도시정책 수요〉, 《한국심리학회지: 문화 및 사회문제》, 21(3), 2015, 551-573쪽.

9 _ 에릭 클라이넨버그(안진이 譯), 《고잉 솔로 싱글턴이 온다》, 더퀘스트, 2013.

10 _ 박미선, 〈1인 가구 증가에 따른 주택정책 대응방안 연구〉, 《국토정책 Brief》, 665, 2018, 1-8쪽.

11 _ 홍승아, 〈1인 가구 증가에 따른 가족정책 대응방안 연구〉, 한국여성정책연구원, 2018.

12 _ 에릭 클라이넨버그(안진이 譯),《고잉 솔로 싱글턴이 온다》, 더퀘스트, 2013.

13 _ 통계청, 〈2021 통계로 보는 1인 가구〉, 2021.
국토교통부, 〈주거실태조사〉, 2019.

14 _ 김종숙, 〈세대별, 성별 1인 가구의 고용과 가구경제 연구〉, 한국여성정책연구원, 2014.

15 _ 이상화,《나 혼자서도 잘 산다》, 시그널북스, 2013.

16 _ KB금융지주 경영연구소, 〈2020 한국 1인 가구 보고서〉, 2020.

17 _ 신미아, 〈1인 가구와 다인가구의 건강행태 및 정신건강 비교 : 국민건강영영조사 자료분석(2013, 2015, 2017)〉,《한국웰니스학회지》, 14(4), 2019, 11-23쪽.

18 _ 정단비, 〈[뉴스줌인] 늘어나는 중장년 1인 가구 고독사, 해결할 수 있는 방안 있나?〉,《데일리팝》, 2022.03.30.
《데일리팝》은 국내 최초 1인 가구 전문 미디어다.

19 _ 여성가족정책실, 〈2021년 서울시 1인 가구 지원 시행계획〉, 2021.

20 _ 월간혼삶, 〈토크 시리즈 #3 :: 〈사회성이 고민인 울트라 소셜〉〉, 브런치, 2020.02.24.

21 _ 오찬종, 〈"너네 집에는 있니?"…1인 가구 '필수템 3개' 잘 나가네〉,《매일경제》, 2022.02.18.

22 _ 김원종, 〈1인 가구와 범죄〉,《한국법경제학회》, 17(1), 2020, 137-160쪽.

23 _ KB금융지주 경영연구소, 〈2020 한국 1인 가구 보고서〉, 2020.

24 _ 이예리, 〈"1인 가구, 연령대에 따라 주거 형태 달라진다"〉,《데일리팝》, 2020.08.13.

25 _ 지예진 · 신화경, 〈청년 1인 가구를 위한 공유주택의 특성에 관한 연구〉,《2017년 한

국주거학회 춘계학술발표대회 자료집》, 29(1), 2017, 145-150쪽.

26 _ 통계청, 2016-2020.

27 _ 조하은·김의준, 〈서울시 청년 1인 가구 주거 문제 분석- 주거소비 면적 감소 현상을 중심으로〉, 《地域硏究》, 34(1), 2018, 49-59쪽.

28 _ 이영주, 〈안방→거실→식당…시대에 따라 변하는 주택 구조〉, 《중앙일보》, 2015.01.01.

29 _ 레이 올든버그(김보영 譯), 《제3의 장소The Great Good Place》, 풀빛, 2019.

30 _ 코하우징이란 경제·사회·환경적 지속성 측면에서의 합리적인(affordable) 집값, 커뮤니티 증진, 저탄소 솔루션으로 등장했다. 개인 공간을 갖춘 동시에 공용 공간을 공유하는 주거 형태다. 설계부터 운영까지 거주자들이 직접 참여하며 공동 생활을 계획한다.

31 _ 셰어 하우스는 비싼 주거비에 대한 솔루션으로 등장했다. 주거비 절약이 가장 중요한 목적이다. 집 자체를 공유하는 '하우스 쉐어'와 개인 공간은 없지만 공간 자체를 공유하는 '룸 쉐어' 등 여러 형태가 있다.

32 _ TheHouseMonk, 〈Global Coliving Report 2019〉, 2019.

33 _ 김경은 외 2인, 〈청년 1인 가구를 위한 코리빙 하우스의 공용공간 공간특성에 관한 연구〉, 《한국실내디자인학회 논문집》, 31(1), 2022, 114-124쪽.

34 _ 마을과집한국사회주택 협동조합, 〈코리빙시대, 더불어 사는 셰어하우스의 진화〉, 집데코.

35 _ 디앤디프라퍼티매니지먼트, 〈공유주거 2020 트렌드 리포트〉, 2020.

36 _ 노리나 허츠, 《고립의 시대》, 웅진지식하우스, 2021.

37 _ Chris Calori and David Vanden-Eynden, 〈Signage and wayfinding design〉, 《Wiley》, 2015, pp. 2-5.

38 _ Mark Bilandizic, Ronald Schroeter and Marcus Foth, 〈Gelatine: Making Coworking Places Gel for better Collaboration and Social Learning〉, 《OzCHI》, 2013.

북저널리즘 인사이드

나의 자취방에
여전히 없는 것

멀리 갈 것도 없다. 이것은 나의 이야기다. 스무 살이 되고 대학교 근처에 자취방을 구했다. 아주 높은 언덕에 위치한 주택이었다. 계단을 오르다 멈춰 뒤돌아서면 도시의 야경이 보였다. 하늘이 가까워 서울에서도 별이 잘 보였다. 그렇게 숨을 고르고 남은 계단을 다 오르면 나의 첫 자취방이 보였다. 여기까지 들으면 꽤나 낭만적일지도 모르겠다.

이쯤하고 좋은 기억으로 남기고 싶지만 그럴 순 없었다. 내게 허락된 공간은 2층을 쪼개고 쪼개 만들어진 다섯 개의 방 중 하나였다. 약 여섯 평 남짓이었다. 화장실과 싱크대가 차지하고 남은 공간, 침대와 책상을 놓으면 끝이었다. 하고 싶은 것도, 갖고 싶은 것도 많은 스무 살에겐 너무나 작은 공간이었다.

침대, 책상 아래가 됐든 싱크대 위 선반이 됐든 조금의 틈만 있다면, 그곳은 수납공간이 됐다. 침대에 누우면 방이 한눈에 보였는데, 구석구석에 들어찬 물건들이 언제 무너져 내릴까 불안했다. 조건에 비하면 턱없이 높은 월세가 빠져나가는 날이면 더욱 그랬다. 자려고 누운 머리맡에 바퀴벌레가 나타난 날, 처음으로 혼자 울었다.

그럼에도 첫 자취의 기억이 우울하지만은 않은 것은 주변에서 자취하던 친구들 덕분이다. 그들은 나와 비슷한 혼삶을 살고 있었고, 바퀴벌레 잡는 데 직방인 약부터 동네 맛집까지 혼자 사는 데 필요한 팁들을 공유했다. 그렇게 첫 자취방에서 3년을 살았다. 원룸 이사 팁에 따라 이삿짐은 박스 대신 일회용 종량제 봉투에 쌌다. 그렇게 하면 이사 후에 정리할 때도 쓰기 좋다는 것이었다. 버리고 버려도 줄이고 줄여도 3년 동안 쌓인 살림살이는 제법 됐다. 100리터 짜리 종량제 봉투 두 개를 가득 채웠다.

그렇게 얻게 된 나의 두 번째 자취방은 열 평 원룸이었다. 침대를 놓고 소파를 놓고도 공간이 넉넉했지만, 문제는 벽이 정말 얇았다. 옆집에는 할머니가 혼자 사셨는데, 아침이면 할머니가 보시는 연속극 소리가 들렸고 밤이면 뉴스 소리가 들렸다. 할머니와 난 얇은 벽을 사이에 두고 생활 소음을 공유하며 사는 동안 딱 한 번 마주쳤다.

1인 가구로서 연차가 쌓일수록 바퀴벌레는 사라지고 방은 커지는 등 조건은 나아졌지만, 나의 자취방에 여전히 없는 딱 하나, 그건 바로 '관계'였다. 자취하며 가장 그리웠던 것은 하루의 끝에 자리한 인사였다. '좋은 아침', '잘 자'와 같은 인사를 건넬 사람이 없으니 하루가 며칠이고 이어지는 기분이 들었다. 뜨고 지는 해만이 하루의 경계를 만드는 것은 아니었다. 혼자 사는 사람에게도 관계가 필요한 이유다.

각각의 혼삶은 벽을 사이에 두고 살아간다. 열 집 중 네 집이 1인 가구인 시대, 관계의 벽을 허물 필요가 있다. 1인 가구가 연결되어야 동네가 생기고, 동네가 유지되어야 로컬 나아가 우리 사회가 지탱되기 때문이다. 기술은 뜨겁지도 차갑지도 않다. 기계의 객관성 또는 중립성이 새로운 '관계 맺기'에 도움이 될 것이라는 책 속의 문장에 기대를 품는다.

정원진 에디터